Jakobus Richter

Der Elefant und das Trampolin

Wie die Seele das Hüpfen wieder lernt

GloryWorld-Medien

1. Auflage 2018

Bibelzitate sind, falls nicht anders gekennzeichnet, der Zürcher Bibel (Ausgabe 2007) entnommen.

Das Buch folgt den Regeln der Deutschen Rechtschreibreform. Die Bibelzitate wurden diesen Rechtschreibregeln angepasst.

Gedichte: Hartmut Reibold
Lektorat/Satz: Manfred Mayer
Umschlaggestaltung: Marc Benseler, Ludwigsburg, www.benseler-design.de
Druck: CPI books GmbH, Leck

Printed in Germany

ISBN: 978-3-95578-350-1
Bestellnummer: 356350

Erhältlich beim Verlag:

GloryWorld-Medien
Beit-Sahour-Str. 4
D-46509 Xanten
Tel.: 02801-9854003
Fax: 02801-9854004
info@gloryworld.de
www.gloryworld.de

oder in jeder Buchhandlung

Inhalt

Für Annerose,
meine Ermutigerin

Das Seelentrampolin

Manchmal fühlt sich meine Seele
wie ein Trampolin an,
das nicht mehr schwingen kann.
Beschwert von unguten Gefühlen
und irren Gedanken
gleich unsichtbaren Elefanten.
Auch ist da einer,
der unruhig herumhastet,
und ein anderer,
der sie mit falschen Glaubenssätzen belastet.
Doch dann
schaut mein Seelentrampolin
genauer hin.
Schaut dem Elefanten ins Gesicht
und entscheidet:
„Mit mir nicht!"
Und mit übernatürlicher Kraft,
die kein Trampolin schafft,
schnellt es nach oben
und wirft den Elefant
aus seinem Seelenland.

Vorwort

Als ich zum ersten Mal von einem Elefanten hörte, der sich auf einem Trampolin vergnügte, gab es noch Hör-Kassetten fürs Autoradio. Meine Frau gab mir eine solche und sagte: „Das musst du wirklich und unbedingt anhören!" Es war eine Predigt von Jakobus Richter zum Thema „Der Elefant auf dem Trampolin meines Lebens." Ich hatte zwar zuvor schon von Jakobus Richter gehört, doch noch keine Predigt von ihm. Ich wusste zwar, dass er der geistliche Leiter des Mühlrads in Eselsburg war, dass er hervorragende Seelsorge machte und dass er was zu sagen hatte, doch dann hörte ich tatsächlich etwas von ihm und es war erstaunlich, spannend, interessant: Er gab Antworten auf vieles, was uns belastet.

„Das musst du unbedingt weiter ausbauen. Gibt´s dazu was Schriftliches? Kann ich die Predigt auch bekommen?" So lauteten viele Aussagen, Bitten, Anfragen. Auch ich fragte so, doch erst jetzt, nachdem ich nun Jakobus Richter seit vielen Jahren als Freund sehr schätze, kam er dazu, seine hoch interessanten, wichtigen, hilfreichen Gedanken zum „Elefanten auf dem Trampolin" zu Papier zu bringen.

Eigentlich schade, dass er ausgerechnet die Metapher des Elefanten benutzt, um uns zu verdeutlichen, was unser Leben alles belasten kann. Doch Jakobus Richter geht es ja nicht um die Verunglimpfung dieser wunderbaren Tiere. Vielmehr will er uns ganz bildhaft einladen, die

Massivität, Größe und Schwere einer solchen „Hypothek" (sei es Schuld, Trauer, Depression, Sinnlosigkeit, Sucht oder Krankheit usw.), die auf uns lasten kann, verständlich zu machen, und vor allem aufzuzeigen, wie wir dieses Belastende, den Elefanten (das „Viech") auch wieder loswerden können. Das ist leider nicht ganz einfach, doch sehr wohl möglich.

Auch C. S. Lewis, der bekannte, christliche Oxford- und Cambridge-Professor, beschreibt dies schon viele Jahre zuvor (1944) in seinem herausragenden Werk „Die große Scheidung", wie schwer es ist (hier geht es u. a. um einen Affen), die „Ketten" loszulassen, an die wir uns oft selber gebunden haben. Vereinfacht und zugespitzt ausgedrückt: nachzudenken, Vergebung anzunehmen und aufzubrechen.

In Jakobus Richters Worten: Den oft von uns selbst eingeladenen Elefanten zu verabschieden, ihn von unserem „Lebenstrampolin" herunterzuschubsen und zu den „Quellen des lebendigen Wassers" zurückzukehren. Und hierzu gibt er klare Hinweise: Versöhnung, Korrektur von falschen Handlungen und Korrektur von falschen Glaubensmustern. Damit dies gelingt, empfiehlt er u. a. 14 „Nährstoffe", wie z. B. Wertschätzung, Liebe, Selbstbeherrschung und Hoffnung.

Die zweite von ihm benutzte Metapher ist die des Trampolins. Wer kennt dieses wunderbare Sportgerät nicht? Wir bringen es durch Hüpfen zum Schwingen und es belebt Körper und Seele, weil die Bewegung Spaß und Freude bereitet, uns von der Schwere befreit. Und darum geht es u. a. auch im Glauben: Dass wir in die Freiheit kommen, Vergebung erfahren, dass alle Mühsal und Plage abfällt und wir die Herrlichkeit der Schöpfung Gottes loben und preisen können (Psalm 150,6: „Alles, was Odem hat, lobe den Herrn."). Im Klartext und moderner ausgedrückt: „Mit aller Intensität im Sinne Gottes leben!"

Jakobus Richter dekliniert nicht nur *einen* Elefanten durch. Es sind „zehn" verschiedene und letztlich immer doch derselbe, der sich auf unserem „Lebenstrampolin" breitgemacht hat, uns Lebensenergie raubt und uns von Gott und den „Quellen des Lebens" trennt.

Das Buch ist flott geschrieben; locker thematisiert es viele Themen (wie Schuld, Trauma, Depression, Burnout usw.), die alles andere als „locker" sind. Doch es macht Mut.

Der Autor analysiert, wie es dazu kommen kann, welche Antworten es in der Psychologie, in der Neuro-Biologie, in der Theologie, aber vor allem im Glauben gibt – Antworten und Lösungswege für Christen und Nicht-Christen, die sich in einer Welt bewegen, die immer unübersichtlicher, paradoxer, anspruchsvoller und letztlich immer lebensverneinender wird.

Möge das Buch von Jakobus Richter Segen stiften. Möge der Inhalt Sie so erreichen, wie er mich vor vielen Jahren erreicht hat. Haben Sie den Mut, falls sich bei Ihnen einer der Elefanten auf Ihrem „Psychoseelen-Trampolin" breit gemacht hat, diesen wahrzunehmen, ihn dann loszuwerden und ihn auch dauerhaft zu verabschieden. Sei es durchs Lesen, durchs Gespräch, durchs Gebet. Wir können sehr wohl dagegenhalten und unser Leben verändern. Auch dazu kann dieses Buch dienen!

„Wer Augen hat zu lesen, der lese … alles steht geschrieben." Sie müssen nur anfangen … und genießen Sie dann Ihr Trampolin, auf dem nur Sie ganz locker und leicht hüpfen werden – ohne einen Elefanten.

Dr. Klaus Höfle

Kapitel 1

Wie es zu diesem Buch kam

Als ich vor ein paar Jahren angefragt wurde, bei einem Abend im Rahmen einer BTS-Veranstaltung[1] zu dem Thema „Psychische Erkrankungen“ zu sprechen, antwortete ich, sie sollten sich besser einen Arzt oder Psychotherapeuten suchen, der an dieser Stelle sicher kompetenter gewesen wäre. Sie wollten aber mich, und so machte ich mir Gedanken über dieses nicht einfache Thema. Ich wollte keinen medizinischen Vortrag halten, wovon ich keine Ahnung hatte. Als ich darüber nachdachte, war plötzlich das Bild von einem Trampolin und einem Elefanten in mir. So fuhr ich nach Memmingen zu der Veranstaltung und hielt meinen Vortrag über das Trampolin und den Elefanten.

In meiner seelsorgerlichen Praxis habe ich über die Jahre beobachtet, dass depressive Menschen oft gebeugt daherkommen. Der Körper zeigt seine Seele! Die Wechselwirkung von Denken, Handeln, Fühlen und Glauben kann man hier beobachten. Jemand der fröhlich ist, läuft fröhlich. Wer traurig ist, läuft traurig und wer depressiv

[1] BTS = Biblisch-therapeutische Seelsorge

ist, läuft depressiv. Natürlich gibt es Menschen mit Krankheiten oder Missbildungen, welche eine normale Körperhaltung entstellen. Mir geht es heute aber um die imaginäre Last, die ein Mensch trägt. In der Seelsorge haben wir es mit Menschen zu tun, die noch laufen können, auch wenn sie häufig schwere Lasten tragen.

Hilfe zu geben ist leichter, solange ein Mensch sich noch bewegt. Wer noch in Bewegung ist, kann ein Ziel erreichen. Manchmal sind die Ziele im Leben verschwommen, weil die Not nur das Unglück sieht. Die Last der Not drückt auf die Seele. Ohne Ziel aber ist es schwer, sich zu bewegen. Alfred Adler hat einmal gesagt: „Gib dem Menschen ein Ziel und er wird gezogen werden!" Darum brauchen wir ein Ziel. Manchmal ist es nur der Supermarkt oder eine Veranstaltung. Solange ich noch in Bewegung bin, lebe ich! Ein Ziel bedeutet Hoffnung, und Hoffnung ist eine treibende Kraft in unserem Leben, die erlernbar ist.

Psychische Probleme sind immer eine Last. Manchmal ist die Last des Lebens zu schwer geworden, dann braucht man Entlastung. Damit die Überlastung keine Schäden hervorbringt, braucht man Entlastungswerkzeuge. Oft helfen in solchen Situationen schon Gespräche. Meine Erfahrung ist, dass, wenn man das seelische Gefühl in Worte fassen kann, es Entlastung gibt. Das geht oft nicht alleine; es braucht einen guten Seelsorger, der keine Ratschläge gibt, sondern hilfreiche Fragen stellt.

Ruhe, immer wieder brauchen wir Ruhe. Damit die Seele zur Ruhe kommt, braucht sie Leitung. Manchmal hilft die progressive Muskelentspannung nach Jakobsen, manchmal hilft ein langer Spaziergang oder ein Buch, das den Leser von sich selber wegführt. Manchmal hilft Musik. Ich bin kein Klassikfreund, aber schätze ein Stück von

Bach, in dem er Musik geschrieben hat, die dem Herzschlag folgt. Das ist Musik, die zur Ruhe führt.

Manche Menschen tragen schwerer, als die Seele es aushalten kann. Dann ist die Seele überlastet. Das klingt alles ganz einfach und logisch. Um diese strapazierte Seele geht es auf den nächsten Seiten.

Seele und Psyche sind nicht unbedingt identisch zu betrachten. Der Psyche fehlt die Transzendenz, die Beziehung zu Gott, die in der Kraft des Heiligen Geistes wirksam wird. Die Psyche sieht man als den Ort des menschlichen Fühlens und Denkens. Sie ist die Summe aller geistigen Eigenschaften und Persönlichkeitsmerkmale eines Menschen.

Vielleicht kann man deshalb die Seele und die Psyche in uns als den inneren Motor all dessen sehen, was uns antreibt oder lahmlegt.

Wenn ich im Folgenden über Seele und Psyche spreche, dann vor diesem Hintergrund. Jetzt wird unsere Psychoseele zum Trampolin.

Das Trampolin

Ein Trampolin ist eine feine Sache. Jeder, der schon einmal darauf gehüpft ist, weiß wie angenehm es ist, wenn man durch die Luft geschwungen wird. Es gibt Trampoline für Kinder und andere für Erwachsene. Alle haben ihre Belastungsgrenze. Jede Belastungsgrenze hat einen Spielraum, den man kurzfristig überdehnen darf, dann passiert nichts. Eine dauerhafte Überlastung führt zu Schäden, das steht in jeder Beschreibung! Dem Trampolin ist es egal, welcher Mensch sich auf seiner Membrane in die Luft schwingt. Das können weiße, schwarze, gelbe, dicke, dünne, intelligente oder dumme Menschen sein. Sie alle schwingen, wenn sie springen.

Das Psychoseelen-Trampolin

Mit dem „Psychoseelen-Trampolin“ ist es genauso. Freude, Schmerz, Druck, Trauer, Ärger, Frust, Hoffnung und Enttäuschung sind alle eingeladen, ihre Sprünge zu machen. Man kann hier auch die sieben Basisemotionen nach Ekman nennen, die er empirisch und kulturunabhängig nachgewiesen hat: Freude, Wut, Ekel, Furcht, Verachtung, Traurigkeit und Überraschung.

Ein echtes Trampolin braucht eine gewisse Spannung, um schwingen zu können. Unser „Psychoseelen-Trampolin“ braucht es auch. Ein erträglicher Druck erzeugt in uns die Kraft zum Handeln. In diesem Druck, den wir als Last empfinden, können wir Spannungen erzeugen.

Wenn die Last zu groß wird, schwingt das Trampolin nicht mehr, die Belastungen werden nicht mehr abgefangen und das Trampolin hängt durch. Die meisten Menschen kennen solche Situationen, in denen sie das Gefühl haben, wie in einem Loch zu sitzen.

Ein Elefant nähert sich

Stellen Sie sich vor, Sie haben in Ihrem Garten ein Trampolin stehen, Sie blicken aus Ihrem Fenster in den Garten und staunen, dass sich ein Elefant auf das Trampolin zubewegt. Was würden Sie tun?

Würden Sie abwarten, bis das Tier sich mit seinem dicken Hintern auf das Trampolin setzt, es sich gemütlich macht und die Beine in die Luft streckt? Und wenn der Elefant dann auf dem Trampolin liegt, kann er nicht springen, weil er zu schwer ist. Sie können deutlich sehen, dass er durchhängt. Er hat die Membrane zu einem Sack geformt.

Oder würden Sie in den Garten rennen, um das Tier zu verscheuchen?

Ich kann Sie beruhigen. In unseren Breitengraden wird das eher nicht vorkommen. Aber das Bild sagt genau das, was viele Menschen mit ihrem „Psychoseelen-Trampolin" erleben. Sie sehen deutlich die Gefahr auf sich zukommen, tun aber nichts. Nur wenige sind bereit, frühzeitig einzuschreiten, um Schlimmeres zu verhindern.

Wenn man die Überlastung unseres „Psychoseelen-Trampolins" nicht verhindert, empfindet man in dieser Situation eine unüberwindbare Last.

Das Trampolin besteht aus verschiedenen Bauteilen. Da ist das *Gestell* mit vier Beinen. Das *Sprungtuch,* auf dem man später springt, hat *Laschen.* Durch diese Laschen werden starke *Gummibänder* gezogen, die mit einer *Schlinge* am Gestell befestigt sind. Damit beim Springen niemand herunterfallen kann, ist ein *Netz* um das Trampolin gespannt.

Wenn die Laschen reißen

Wenn die Belastung zu schwer ist, können die Gummibänder reißen. Vielleicht reißen auch die Laschen aus dem Sprungtuch. Es kann noch schlimmer kommen. Wenn die Last zu schwer ist, bricht das Gestell zusammen. Das Trampolin ist kaputt.

Überträgt man dieses Problem auf unser „Psychoseelen-Trampolin", können wir von einer psychischen Erkrankung ausgehen. Ein langwieriger Heilungsprozess steht diesem Menschen bevor.

Der Arzt oder Psychotherapeut hat keine leichte Aufgabe. Er braucht Zeit, um herauszufinden, ob nur das „Trampolin" durchhängt, oder ob bereits Schäden an der „Aufhängung" oder am „Gestell" entstanden sind. Wenn es sich in diesem Bild um eine Depression handelt, erkennt man, wie eng exogene[2] und endogene[3] Depressionen beieinander liegen. Sprechen wir von einer exogenen Depression, dann meinen wir den Elefanten. Sprechen wir von einer endogenen Depression, dann sprechen wir vom beschädigten Gestell.

Mir ist bewusst, dass man heute in Fachkreisen diese Begriffe nur noch wenig benutzt. Heute geht man von einem Dreieck aus, das so aussieht:

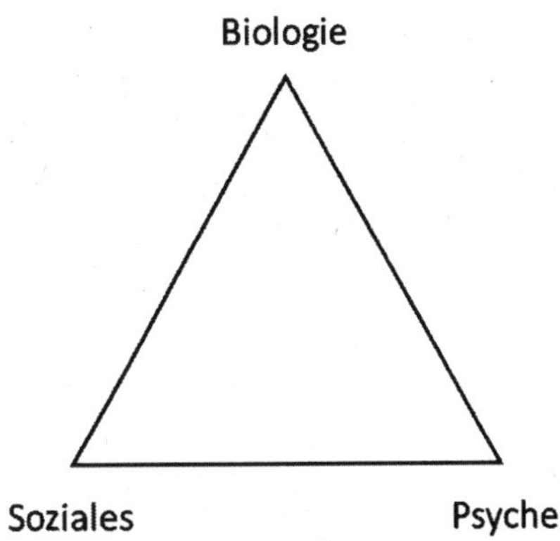

Bei diesem Dreieck kommt es auf den Schwerpunkt an, den der Ratsuchende in seiner Problematik hat. Daraus resultiert die Schwere der Problematik.

Der seelisch kranke Mensch empfindet die Last, die das Leben jedem auferlegt, als übergroß. Dabei wird deutlich, wie komplex das Problem ist. Nicht selten kämpft man nämlich an zwei „Fronten“. Zuerst muss die normale Lebenslast, die vom Ratsuchenden als Elefant empfunden wird, beseitigt werden, damit das Gestell repariert werden kann. Oft genug ist das die Situation, der wir begegnen.

---

[2] Exogene: Die von außen kommenden: Hier: Der Elefant

[3] Endogene: Die von innen kommenden: Hier: Das Gestell

Aus diesem Grund ist es ein Idealfall, wenn Arzt und Therapeut eng zusammenarbeiten.

Gemeinsam sind wir stark: Therapeut, Arzt und Gott

Während Therapeuten helfen, den Elefanten vom Trampolin zu bringen, versucht der Arzt, das Gestell zu reparieren. In der Regel verfügt der Mensch über gewisse Selbstheilungskräfte, die durch Einsicht und Zuversicht aktiviert werden. Es ist darum nicht verwunderlich, dass ein Mensch, der eine persönliche Beziehung zu Jesus hat und aus dieser Beziehung Kraft empfängt, kleine Schritte des Vertrauens zu gehen vermag. Zwar hilft der Glaube allein nicht immer, wohl aber die Zuversicht, die aus dem Glauben kommt. Hat man es schließlich geschafft, das Trampolin zu entspannen, indem man den „Elefanten" beseitigt hat, kann das Gestell wieder in Ordnung kommen. Nach der „Befreiung" heilt für gewöhnlich das Gestell, doch leider nicht immer. Wenn es nicht von selbst heilt, braucht der Betroffene für sein „Gestell"[4] umso dringender einen Arzt und Medikamente, um die Stoffwechselfunktionen seines Körpers auszugleichen.

Manchmal bricht das Gestell auch von alleine zusammen, ohne dass es einen Elefanten gibt, der zu beseitigen wäre. Da hilft kein gutes Zureden, da muss das Gestell repariert werden. Hier stellt sich die Frage, wann ein Mensch wirklich krank ist. Krank ist er, wenn der Organismus durch einen außerordentlichen Ablauf von Lebensvorgängen gestört wird. Das kann der Mensch sowohl im organischen als auch im psychischen Bereich erleben. Da aber die Krankheit oft eine Reaktion auf die

---

[4] Ich meine hier die psychische Grundstruktur eines Menschen, die durch den Stoffwechsel des Körpers beeinflusst und aufrechterhalten wird.

schädlichen Lebenseinflüsse des Menschen ist, ist für den Heilungsverlauf auch das Umfeld des Menschen zu sehen und eventuell zu behandeln.

Denken, Handeln, Fühlen und Glauben

Wir leben in einer Zeit, in der man viel über den Menschen weiß, und doch bleibt der Eindruck, dass es immer schwieriger wird, dem kranken Menschen zu helfen. Seit Hippokrates beschäftigen sich die Ärzte mit dem Zusammenwirken von seelischen und körperlichen Erscheinungen. Aber auch heute wissen wir noch nichts Endgültiges über dieses geheimnisvolle Zusammenwirken von Seele und Leib. Wir können nur die durcheinander gekommenen Lebensabläufe erkennen, und diese bezeichnen wir als Krankheit.

Gerade im seelischen Bereich wissen wir um die Notwendigkeit des ausgewogenen Verhältnisses von Geist, Seele und Leib oder von Denken, Handeln, Fühlen und Glauben.

Das sind die vier Beine des Trampolins. Wenn eine oder mehrere „Säulen" davon zusammenbrechen, versagt das „Viererteam", dann hat das Sprungtuch keine Spannkraft mehr. Das Trampolin ist nutzlos, und so fühlen sich Menschen, die an ihrer Seele und Psyche einen Bruch erleben. Der Mensch fühlt sich krank. Das ist aber nicht das Ende!

Glücklicherweise leben wir in einer Welt, wo man noch etwas reparieren kann. Es ist in unserer Wegwerfgesellschaft nicht der erste Gedanke, etwas zu reparieren, sondern auszutauschen. Das geht leider mit der Seele und der Psyche nicht.

Trotzdem kann man das „Psychoseelen-Trampolin" reparieren. Wir haben gute Ärzte, gute Psychotherapeuten und gute Seelsorger. Es wäre zu begrüßen, wenn diese drei ein Team bildeten. Sie könnten das Trampolin wieder zum Schwingen bringen. Leider ist es in der Prax selten der Fall, dass diese drei Disziplinen miteinander arbeiten. Jeder ist mit dem, was er kann, alleine unterwegs. Den Schaden haben die, die dieses Team für ihre Heilung brauchen würden.

Ich habe in meiner seelsorgerlichen Praxis viele Menschen dazu bewegen können, zum Arzt zu gehen. Alle kamen mit einer klaren Diagnose zurück. Leider hat nie ein Arzt bei mir angerufen und gefragt, ob wir zusammenarbeiten wollen. Ich habe viele Ratsuchende im Hintergrund begleitet, sie ermutigt, ihre Medikamente zu nehmen, damit wir an dem arbeiten können, was zum Bruch ihres Trampolins geführt hat.

Wenn die Medikamente greifen, dann kommt die Psyche in einen Normalzustand. Das ist eine Sache, die mich begeistert. Wir wissen, dass psychische Probleme ein Stoffwechselproblem sind. Nur deshalb hat man entsprechende Mittel gefunden, die wirken, wo sie sollen. Viele meiner Ratsuchenden mussten lange ausprobieren, welches Mittel am besten hilft und die wenigsten Nebenwirkungen hat. Man kann eben in die Psyche nicht wie in ein Gelenk hineinschauen. Es braucht eine ganze Menge an Informationen und Zeit, damit es gut wird.

Wenn es aber gut geworden ist, dann braucht es Nährstoffe für die Seele. Da kann ein Seelsorger helfen. Was sind die Nährstoffe für die Seele? Das ist Liebe, Versöhnung, Freude, Zufriedenheit, Friede, Geduld, Freundlichkeit, Güte, Treue, Mitgefühl, Wertschätzung, Hoffnung, Dankbarkeit und Selbstbeherrschung.

So wie bei derselben medizinischen Diagnose nicht alle die gleiche Medizin brauchen, so ist es auch mit den Nährstoffen der Seele. Nicht alle brauchen den gleichen Nährstoff, um stabil zu werden.

Jeder Mensch muss lernen, sein Trampolin richtig zu nutzen. Erinnern Sie sich noch: Da gibt es ein Netz, das verhindert, dass man vom Trampolin fliegt. Fliegen ist eine schöne Sache, wenn man Flügel hat. Die haben wir aber nicht, und deshalb braucht es Sicherheiten, damit wir nicht abstürzen.

Die Abseitsfalle

Wir alle kennen hoffnungslos scheinende Situationen. In der Tat, manche Situationen sind hoffnungslos, oder? Es ist eine Frage des Betrachtens. Da sind wir beim Netz. Wenn Sie aufgegeben haben, dann springen Sie ohne Netz und machen eine schmerzhafte Bauchlandung.

Wenn Sie nicht aufgeben und daran glauben, dass Gott ein Gott ist, der Wunder tut, nehmen sie bereits einen großen Schluck vom Nährstoff Hoffnung für die Seele. Gott lässt uns nicht im Stich! Ich habe nie begriffen, was im Fußballspiel ein Abseits ist. Ich staune aber darüber, dass die Linienrichter das so schnell sehen können. Was ich aber wahrnehme ist, dass es nach einem Abseits nicht mehr weitergeht. Alle Torchancen sind dahin. Stellen Sie sich deshalb in Ihrer Situation nicht ins Abseits. Dann ist das Netz weg! Im Fußball gibt es glücklicherweise nicht nur die Abwehrspieler. Das sind die, die die anderen immer am Torschießen hindern. Es gibt auch die Offensive. Das ist unser Thema! Seien Sie offensiv! Beginnen Sie den Tag mit einem offensiven Vorgehen. Heute ist mein Tag! Heute werde ich siegen!

Vor vielen Jahren hatte ich einen Ratsuchenden, der keine Lust mehr zum Leben hatte, nachdem seine Frau gestorben war. Ich bat ihn, mir zu erzählen, wie er seinen Tag gestaltet. „Ich stehe morgens auf, hole die Zeitung rein, gehe ins Bad und mache mir mein Frühstück. Ich lese die Zeitung und fahre ins Geschäft. In der Frühstückspause esse ich mein Brot, trinke eine Tasse Kaffee und lese die Zeitung. So mache ich es auch in der Mittagspause. Abends gehe ich nach Hause und schaue mir die Nachrichten an. Erst im ZDF und anschließend im Ersten. Danach schaue ich meistens eine politische Sendung an und gehe danach ins Bett."

Mein Rat war ein ganz einfacher: „Bestellen Sie die Zeitung ab und werfen Sie ihren Fernseher aus dem Fenster. Kaufen Sie sich ein gutes Buch und suchen sich Freunde, mit denen Sie etwas unternehmen können. Wenn Sie einmal am Tag die Nachrichten im Radio hören, wissen Sie alles, was Sie wissen müssen." Er schaute mich an, als sei ich von einem anderen Stern. Er wollte das nicht. Er kam nicht wieder und arbeitete wahrscheinlich weiterhin an der Demontage seines wackligen Trampolins.

„Therapie" kommt aus dem Griechischen und heißt so viel wie „Dienen, Heilen, Helfen". Jeder Seelsorger ist in diesem Sinne auch ein Therapeut. Dienen können wir alle. Heilen tun wir durch das Dienen und helfen tun wir, indem wir dem Ratsuchenden mit dem dienen, was wir gelernt haben.

Heilung ist das, was sich alle krankfühlenden oder deprimierten, frustrierten und hoffnungsverlorenen Menschen wünschen. Wer heil werden will, muss sich am Heilungsprozess beteiligen.

Weil unsere Gesellschaft nicht gerne repariert, sondern lieber austauscht, haben wir viele kaputte Trampoline. Reparieren dauert länger als austauschen, aber dabei wird das Grundgestell bewahrt und wieder funktionsfähig gemacht.

KAPITEL 2

Zwei Studien über das Glücklichsein

Harvard Bonheur

Es gibt eine Harvard-Studie, die seit 75 Jahren läuft. Robert Waldinger ist der vierte Professor, der diese Studie leitet, und er sagt in einem Vortrag:

> Was lässt uns im Leben gesund und glücklich sein? Müssten Sie jetzt in Ihre zukünftige Persönlichkeit investieren, worin würden Sie Ihre Zeit und Energie einbringen? Kürzlich gab es eine Umfrage innerhalb der „Generation Y", in der man sie über ihre wichtigsten Lebensziele befragte. Über 80 % antworteten, eines der wichtigsten Lebensziele sei es, reich zu werden, und 50 % aus dieser Gruppe von Jugendlichen sagten, ein weiteres wichtiges Lebensziel sei, berühmt zu werden. Und ständig wird uns gesagt, sich in die Arbeit reinzuknien, sich mehr anzustrengen und mehr zu erreichen. Als ob dies die Dinge seien, die wir verfolgen müssen, um ein gutes Leben zu haben. Vorstellungen eines gesamten Lebens, von getroffenen Entscheidungen und deren Ergebnissen, eben diese Vorstellungen sind weitgehend unerreichbar. Das meiste, was wir über unser menschliches Leben wissen, wissen wir aus Befragungen über die Vergangenheit, und wir wissen,

> dass diese Rückschau alles andere als präzise ist. Wir vergessen eine Menge von dem, was wir erleben, und manchmal ist das Gedächtnis ziemlich kreativ. Aber was wäre, wenn wir komplette Menschenleben beobachten könnten, wie sie sich über das ganze Leben entwickeln? Was, wenn es möglich wäre, Menschen beginnend in der Jugend bis ins hohe Alter studieren zu können? Um zu sehen, was uns wirklich glücklich und gesund macht? Wir haben das gemacht. Die Harvard-Studie der Entwicklung Erwachsener könnte die längste jemals durchgeführte Studie über das Leben Erwachsener sein. Über 75 Jahre haben wir das Leben von 724 Männern verfolgt. Jedes Jahr fragten wir nach ihrer Arbeit, dem Familienleben, ihrer Gesundheit und selbstverständlich ohne zu wissen, wohin sich ihr Leben entwickeln würde.[1]

Die wichtigste Botschaft dieser Studie ist, dass ein Mensch glücklich wird, wenn er in gesunden Beziehungen lebt. Gute Beziehungen machen glücklich und gesund. Warum investieren wir nicht mehr Energie in solche Beziehungen? Wir wollen doch alle gesund leben und glücklich sein!

Ich kenne Menschen, die sehr auf ihre Nahrung achten und unglücklich sind. Sie haben scheinbar falsch investiert. Beziehungen machen glücklich und gesund. Das hat die Harvard-Studie gezeigt. Natürlich ist eine gute Ernährung wichtig, aber Bewegung ist noch wichtiger! Bewegung in Geist, Seele und Leib. Dann wirkt auch das gesunde Essen!

Waldinger sagt weiter: „Und die Erfahrung von Einsamkeit stellt sich als toxisch heraus. Menschen, die einsamer sind, als sie es sein wollen, finden, dass sie weniger glücklich sind. Ihre Gesundheit verschlechtert sich früher in

---

[1] https://www.ted.com/talks/robert_waldinger_what_makes_a_good_life_lessons_from_the_longest_study_on_happiness/transcript?language=de

ihrer Lebensmitte, ihre Gehirnfunktion lässt eher nach und sie sterben früher als Menschen, die nicht einsam sind."

Einsamkeit beginnt in unserer Seele, nicht in den Umständen! In der Harvard-Studie wurde deutlich, dass es nicht auf die Anzahl von Freunden ankommt, sondern auf die Qualität einer engen Beziehung. Ehekonflikte, die nicht gelöst werden können, scheinen sich auf die Gesundheit des Menschen stärker auszuwirken als eine Scheidung. Die dritte Erkenntnis war die Zufriedenheit, mit der ein Mensch in einer Beziehung lebt.

> *Was früher geschehen ist, wird wieder geschehen; was man früher getan hat, wird man wieder tun: Es gibt nichts Neues unter der Sonne!*[2]

Vor vielen Jahrzehnten kam ein Buch auf den Markt mit dem Titel: *Und die Bibel hat doch recht!*[3] In der Tat, sie hat recht und ist eine Quelle der Weisheit und des Lebens. Sie weist aber auch auf einen Weg hin, wie der Mensch in jeder Situation seines Lebens einen Weg finden kann, der glücklich macht. Die Tür zum Glücklichsein steht bei Gott immer offen. Das Problem des Nichtglücklichseins liegt demnach nicht bei Gott, sondern bei uns Menschen. Wer nicht durch die offene Tür geht, bekommt nicht das, was für ihn bereitliegt. Jesus hat einmal gesagt: „Jeder, der diese meine Worte hört und danach handelt, ist einem klugen Mann gleich, der sein Haus auf Fels gebaut hat. Da gingen Regengüsse nieder, Sturzbäche kamen, und Winde wehten und warfen sich gegen das Haus, und es stürzte nicht ein. Denn Fels war sein Fundament."[4]

---

[2] Prediger 1,9

[3] Werner Keller, *Und die Bibel hat doch recht!*, Ullstein Taschenbuch.

[4] Matthäus 7, 24+25

Ob ich es nun rein psychologisch oder aus der Perspektive der persönlichen Gotteserfahrung sehe, es liegt an mir, ob ich mein Lebenshaus auf Felsen baue oder auf Sand. Aber auch hier gibt es Situationen, in denen der Mensch aus freien Stücken nichts mehr tun kann, weil an seinem „Psychoseelen-Trampolin" eine Lasche gerissen ist. Aber wir können in vielen Situationen unseres Lebens vorbeugen, und da führt uns die offene Tür zu Gott in einen Lebensraum voller Verheißungen, die uns in der Anwendung glücklich machen. Falls Sie solche Verheißungen suchen, finden Sie in den Anmerkungen ein paar wenige Hinweise.[5]

Erinnern Sie sich noch an die Nährstoffe für ein gesundes Seelenleben? Hier sind sie noch einmal: Liebe, Versöhnung, Freude, Zufriedenheit, Friede, Geduld, Freundlichkeit, Güte, Treue, Mitgefühl, Wertschätzung, Hoffnung, Dankbarkeit und Selbstbeherrschung. Alle diese Nährstoffe sind Bausteine für eine gesunde Beziehung.

Die zweite Studie

Dr. Alexander Loyd stellt in seinem Buch *Das Love Principle*[6] eine weitere Studie vor, die sich mit der Frage beschäftigt hat, was den Menschen glücklich macht. Sie stieß dabei auf drei Erkenntnisse:

1. Versöhnung
2. Korrektur von falschen Handlungen
3. Korrektur von falschen Glaubensmustern

Diese drei Erkenntnisse sind mit der Studie der Harvard Universität identisch.

---

[5] Johannes 16,33; Offenbarung 21,4; 2. Mose 14,14; Jesaja 40,31 u.v.m.

[6] Alexander Loyd, *Das Love Principle*, Rororo 2014.

Kapitel 3

Vierzehn Nährstoffe für die Seele

In meiner „Nährstoffliste" für ein gesundes Seelenleben, geht es um die unterschiedlichen Möglichkeiten, die Seele wieder zum Hüpfen zu bringen. Die Situationen in unserem Leben sind verschieden und auch die innere Situation eines Menschen unterscheidet sich von der eines anderen Menschen. Die Gesunderhaltung unserer Seele geschieht durch die Anwendung gesunder „Nährstoffe". Das heißt auch, dass, wer auf dem Trampolin hüpfen möchte, hinaufsteigen muss. Wer in seiner persönlichen Situation eine Veränderung sucht, muss etwas unternehmen.

Als ich etwa 30 Jahre alt gewesen bin, war ich ein unausstehlicher Choleriker. Ich habe mit einem Wutausbruch alles zerstört, was ich vorher positiv zu gestalten versucht habe. Um in einem Bild zu sprechen: Ich habe mit einer Drehung mit meinem Hintern alles heruntergeschmissen, was ich vorher mit Mühe aufgestellt habe. Bevor ich zu einer inneren Einsicht kam, habe ich gedacht, dass das so in Ordnung ist, weil ich ein Choleriker bin. Weit gefehlt! Durch Einsicht habe ich meine Haltung verändert. Ich habe gelernt, meinen „Dampf" auf allgemeinverträgliche

Weise abzulassen.[1] Darum glaube ich, dass man etwas tun kann, damit die Seele wieder hüpfen kann, wo sie vorher nur in die Luft geflogen ist. Die schönsten und besten Erfahrungen sind die, die wir selber machen und nicht in moralischen Vorträgen hören.

Die Tragkraft der Beine eines Trampolins ist einer der entscheidenden Faktoren dafür, wie groß die Last auf dem Trampolin sein darf bzw. wie viel es aushält, ohne seine Schwungkraft allzu sehr einzubüßen.

Denken, Handeln, Fühlen und Glaube sind die vier Beine, auf denen unser „Psychoseelen-Trampolin" steht. Durch die an dem Sprungtuch vorgesehenen Laschen werden Gummibänder gezogen, die am Gestell befestigt werden. Ob sie halten, entscheidet sich am Gewicht, das auf dem Sprungtuch hüpft. Im Bild unseres „Psychoseelen-Trampolins" ist der innere Zustand des Menschen maßgeblich dafür verantwortlich, wie groß die Last auf dem Trampolin sein darf, ohne es in seiner Schwungkraft zu beeinträchtigen. Der gesunde Mensch achtet im Allgemeinen auf seine Bedürfnisse, die sein Geist, seine Seele und sein Leib brauchen, um nicht zu „schwer" zu werden.

Aber ist das wirklich so? Sind wir Menschen nicht eher so im Leben unterwegs, dass wir uns keine Gedanken darüber machen, wie wir die Last möglich leicht halten und was wir zum Leben und für die Erhaltung von guten Beziehungen wirklich brauchen?

In der nun folgenden Liste für ein gesundes Seelenleben finden wir vierzehn „Nährstoffe", die uns fit halten. Man braucht keine besondere Diät, keine veränderten Lebensumstände, keinen Sport, kein Training, um sie täglich zu sich zu nehmen. Sie sind zu jeder Zeit verfügbar,

---

[1] Siehe meine Ende 2018 bei GloryWorld-Medien erscheinende Autobiographie: Jakobus Richter, *Am Ende ist es wie am Anfang, nur anders.*

wann immer wir sie brauchen, und kosten nichts. Man kann sie dreimal am Tag oder den ganzen Tag aktivieren. Sie bleiben immer frisch und gehen nie aus:

Nährstoff Liebe

Die Liebe ist ein Multinährstoff und Heilungspräparat. Sie heilt immer! Liebe ist heilsam, weil sie nie verletzend ist. Sie gleicht auf unserem „Psychoseelen-Trampolin" die Gewichte aus.

Für viele Menschen ist Liebe ein Gefühl, aber das greift zu kurz. Liebe ist nach einer Zeit des Gefühlserlebens eine Entscheidung.

Die besondere Eigenschaft der Liebe ist ihre Zuverlässigkeit. Es ist wie mit dem kleinen Jungen, der in einem Krankenhaus operiert werden sollte. Sein Vater hatte ihn ins Krankenhaus gebracht und sah die Not seines Jungen. „Papa", sagte der Junge, „ich habe gar keine Angst, wenn du bei mir bleibst." Der Vater war den Tränen nahe, weil sich die Zuverlässigkeit seiner Liebe im Sohn widerspiegelte. Der Papa tröstete ihn und versprach ihm, bei ihm zu bleiben. Der behandelnde Arzt erlaubte es, und der Vater setzte sich neben seinen Sohn, der inzwischen auf dem OP-Tisch lag. Als die Narkose langsam anfing zu wirken, sagte der Junge zu seinem Papa: „Papa, bist du da?" Dann schlief er ein. Als der Narkosearzt sah, dass der Junge eingeschlafen war, forderte er den Vater zum Gehen auf.

„Nein", antwortete der Vater, „ich habe meinem Jungen versprochen, bei ihm zu bleiben, und das möchte ich auch." „Gut, dann bleiben Sie!" Als der Junge aus der Narkose erwachte, hielt der Vater noch immer seine Hand. Da strahlte der Junge und sagte ganz leise: „Papa, du bist da?", und schlief wieder ein. Das ist die verlässliche Liebe.

Es gibt kaum eine schönere Geschichte für die verlässliche Liebe unseres himmlischen Vaters zu uns. Es ist egal, was wir machen. Es ist egal, ob wir gut oder schlecht sind, uns abwenden und unsere eigenen Wege gehen. Er wird uns immer lieben und damit seine Tür zu seinem Herzen für uns offenhalten. Immer!

Praktische Anwendung

Denken Sie heute über Ihre Verlässlichkeit in der Liebe nach. Es tut gut, wenn man lieblos gewesen ist, sich zu entschuldigen. Es erheitert die Seele, wenn wir etwas Gutes tun, mit dem wir unsere Liebe zum Ausdruck bringen.

Nährstoff Versöhnung

Das ist ein wunderbarer Nährstoff. Er hat bei seiner Anwendung eine erstaunliche Wirkung. Dieser Nährstoff ist anwendbar, wenn das Gestell kaputt ist oder im Sprungtuch eine Lasche gerissen ist. Und sollte einmal das ganze „Psychoseelen-Trampolin" zusammengebrochen sein, wirkt Versöhnung wahre Wunder. Die „Einnahme" des Nährstoffes „Versöhnung" ist etwas zeitaufwändig, zeigt aber eine 100%ige Wirkung.

Unversöhnlichkeit schadet nicht nur der Person, der wir nicht verzeihen können, sie verhindert, dass wir ein befreites Leben leben können.

Solange wir nicht vergeben, sind wir an die andere Person mit Fesseln aus Schmerz, Zorn oder einem Wunsch nach Rache gebunden.

Verzeihen bedeutet nicht, einen Weg gefunden zu haben, mit dem wir jemanden entschuldigen. Es ist ein Weg der inneren Freiheit, auch wenn die Schuld des anderen unverzeihlich scheint. Hier geht es alleine um mich. Der andere ist selbst für sein Leben verantwortlich. Es mag keine Entschuldigung in dieser Welt für das geben, was man mir angetan hat, aber wenn wir versöhnt mit dem anderen sind, geben wir den Wunsch nach Rache auf.

Vergebung ist die Übergabe eines Menschen in den Liebesstrom Gottes. Alles, was wir in den Machtbereich seiner Liebe übergeben, wird ein gerechtes Urteil von Gott empfangen.

Wenn wir das Bedürfnis aufrechterhalten, dass der andere bei mir für seine Taten „zahlen" muss, halten wir an den Narben unserer Verletzungen fest.

Vergebung befreit uns von der Macht der Rachegedanken, dem Wunsch nach Vergeltung.

Versöhnung befreit und der Prozess der Heilung beginnt.

Ich sagte schon, dass die Einnahme des Nährstoffes Versöhnung Zeit braucht. Es braucht aber nicht nur Zeit, es braucht auch Mut! Vielleicht kennen Sie dieses Wort und sind schon manchmal darüber „gestolpert":

> *Alles vermag ich durch den, der mir die Kraft dazu gibt.*[2]

Als David noch ein Hirtenjunge war und dem Riesen Goliath gegenüberstand, schaute er nicht auf seine Möglichkeiten, nicht auf die Überlegenheit des drei Mal größeren Goliaths, sondern proklamierte Gottes Kraft in sich: *„Du, Goliath, trittst gegen mich an mit Schwert, Lanze und Wurfspieß. Ich aber komme mit der Hilfe des Herrn."*[3]

---

[2] Philipper 4, 13

[3] 1. Samuel 17,45

Das ist die Kraft des Nährstoffes Versöhnung, wenn wir nicht auf unsere Möglichkeiten schauen, sondern auf das, wie Gott mit unseren Umständen umgeht.

Praktische Anwendung

Geben Sie den Gedanken an Rache auf und schauen Sie auf die Möglichkeiten, die Gott Ihnen gibt. Formulieren Sie Ihre Gedanken laut zu Gott und warten Sie auf seine Antwort. Sie werden erstaunt sein, wie Gott ihnen hilft.

Nährstoffe Freude und Dankbarkeit

Wenn Sie keine Freude mehr in Ihrem Leben verspüren, sitzt der Elefant schon auf Ihrem „Psychoseelen-Trampolin". Höchste Zeit, einzugreifen! Das tun Sie am besten mit Dankbarkeit. Ja, wirklich! Jetzt sagen Sie vielleicht, wofür soll ich noch dankbar sein, es geht mir zu schlecht, um dankbar zu sein. Es gibt verschiedene Möglichkeiten, dankbar zu sein. Denken Sie an den Abwehrspieler oder den Stürmer beim Fußballspiel. Seien Sie ein Stürmer und danken Sie Gott, dass sie noch leben dürfen.

Ich erinnere mich an eine Frau in Alaska, die sich durch Ertrinken im Eiswasser das Leben nehmen wollte. Sie hatte kein Geld mehr, hatte sieben Kinder zu versorgen und keine Hoffnung. Als sie das Eis aufschlug, fand sie eine Flaschenpost. Darin stand: *„Doch wer zu den Lebenden gehört, hat Hoffnung!"*[4] Gepaart mit dieser Hoffnung, wurde die Frau wieder dankbar für ihr Leben und fand einen Weg, der ihr und den Kindern half.

Dankbarkeit lässt neue Freude aufkommen. Schauen Sie in Ihre Umgebung. Auch da gibt es sicher kleine Dinge, für die Sie dankbar sein können. Wenn Sie etwas

[4] Prediger 9,4a

verändern wollen, müssen *Sie* etwas verändern! Jedes Ziel, das Sie erreichen wollen, fängt mit dem ersten Schritt an, und der muss nicht einmal groß sein. Dankbarkeit ist der erste Schritt zur Freude.

Freude ist Ausdruck eines inneren Zustandes. Wenn wir in unserem inneren Zustand einen Lichtblick sehen, der durch Dankbarkeit entzündet wird, fängt der „Nährstoff" an zu wirken und wir können auf unseren „Psychoseelen-Trampolin" wieder kleine Sprünge machen.

Freude

Kann man Freude lernen? Ist sie nicht auch ein Gefühl, das von innen kommt und von vielen äußeren Faktoren abhängig ist?

Ja, Freude kann man lernen. Man muss dorthin schauen, wo sie auftritt. Gladys Aylward, die berühmte China-Missionarin, hat ihr perfektes Chinesisch nicht aus Büchern gelernt, sondern von den Kindern. Sie hat es ihnen einfach nachgemacht. Wenn wir eine „Freude-Blockade" im Kopf haben, brauchen wir etwas Mut, uns von denen anstecken zu lassen, die sich freuen.

Wir alle kennen den emotionalen Ausdruck der Freude, der von einer angenehmen Situation oder aus der Erinnerung an eine schöne Situation kommt. Freude drückt sich durch ein Lächeln aus oder durch Lachen und einen Freudenschrei.

In der Bibel kommt Freude ganz oft vor. Sie zeigt uns die Freude an Gott als Quelle der Kraft: *„Die Freude am Herrn ist eure Stärke."*[5] Sie ermöglicht, in unerfreulichen Situationen inneres Gleichgewicht zu halten. Die Freude ist eine Frucht des Heiligen Geistes. In der Nächstenliebe

---

[5] Nehemia 8,10b

bereitet der Liebende nicht nur dem anderen eine Freude, es erfreut auch das eigene Herz.

Gott ist in seinem Wesen Liebe, und die Freude ist ein Bestandteil dieser Liebe. Der Ursprung der Freude ist Gott selber. Darum ist das Evangelium die gute Nachricht, die Botschaft der Freude.

Es gibt ein weiteres Geheimnis, um die verlorene Freude wiederzufinden. Man braucht nicht viel dazu, nur den inneren Weg zu dem, wer man selber ist. In einer Geschichte, deren Verfasser unbekannt ist, wird Folgendes erzählt:

> Es war einmal ein Spielmann, der tanzend und springend von Ort zu Ort zog, bis er des unsteten Lebens müde war. Da gab er alle seine Habe hin und trat in ein Kloster ein. Aber weil er sein Leben bis dahin mit Springen, Tanzen und Radschlagen zugebracht hatte, war ihm das Leben der Mönche fremd und er wusste weder ein Gebet zu sprechen, noch einen Psalter zu singen. So ging er stumm umher, und wenn er sah, wie jedermann des Gebetes kundig schien, aus frommen Büchern las und mit im Chor die Messe sang, stand er beschämt dabei: Ach, er allein, er konnte nichts. „Was tu ich hier?", sprach er zu sich. „Ich kann nicht beten und finde nicht die richtigen Worte. Ich bin der Kutte nicht wert, in die man mich kleidete."
>
> In seiner Trauer flüchtete er eines Tages, als die Glocke zum Chorgebet rief, in eine abgelegene Kapelle. „Wenn ich schon nicht mitbeten kann im Konvent der Mönche", sagte er zu sich, „so will ich doch tun, was ich kann." Rasch streifte er das Mönchsgewand ab und stand da in seinem bunten Anzug, in dem er als Spielmann umhergezogen war. Und während vom hohen Chor die Psalmengesänge herüberwehen, beginnt er mit Leib und Seele zu tanzen – vor und rückwärts, links

herum und rechts herum. Mal geht er auf seinen Händen durch die Kapelle, mal überschlägt er sich in der Luft und springt die kühnsten Tänze, um Gott zu loben. Wie lange auch das Chorgebet der Mönche dauert, er tanzt ununterbrochen, bis es ihm den Atem verschlägt und die Glieder ihren Dienst versagen.

Ein Mönch war ihm aber gefolgt und hatte durch ein Fenster seine Tanzsprünge mit angesehen und heimlich den Abt geholt. Am anderen Tag ließ dieser den Spielmann zu sich rufen. Der Arme erschrak zutiefst und glaubte, er solle wegen des verpassten Gebetes bestraft werden. Also fiel er vor dem Abt nieder und sprach: „Ich weiß, Herr, dass ich hier nicht hingehöre. So will ich aus freien Stücken ausziehen und das Leben auf der Straße wieder ertragen." Doch der Abt verneigte sich vor ihm, küsste ihn und bat ihn, für ihn und alle Mönche bei Gott einzustehen: „In deinem Tanze hast du Gott mit Leib und Seele geehrt. Uns aber möge er alle Worte verzeihen, die über die Lippen kommen, ohne dass unser Herz sie sendet."[6]

Die Echtheit unseres Lebens drückt echte Lebensfreude aus, die andere überzeugt und ermutigt.

Dankbarkeit

Dankbarkeit für das, was ich gerade jetzt habe, schenkt Zufriedenheit. Es verhindert den Neid und hilft mir mit dem, was ist, zurechtzukommen. Es ist, wie es ist! Wenn ich das wahrnehme, kann ich entscheiden, ob es so bleiben soll oder ob ich etwas tun kann, damit es anders wird. Wenn es so bleiben soll, wie es ist, habe ich für diesen Augenblick alles getan, was ich tun konnte. Wenn ich

[6] Verfasser unbekannt

aber sehe, dass es anders werden soll, kann ich überlegen, was ich dafür brauche, damit es anders wird.

Nicht die anderen Menschen sind der Motor meiner Dankbarkeit. Es ist die eigene Einsicht und Erfahrung, für das dankbar zu sein, was immer mir begegnen mag. Undankbarkeit jagt den Elefanten auf mein Trampolin, aber wenn ich etwas verändern will, muss *ich* etwas verändern. Es beginnt mit dem ersten Schritt, und dann sind es die vielen kleinen Schritte, die zum Ziel führen. Und jeder Schritt, den ich gemacht habe, erweckt in mir die Dankbarkeit für den kleinen Fortschritt.

Martin Luther nannte die Dankbarkeit als die wesentliche christliche Haltung. Er selber hat es gelebt und wusste deshalb, dass Dankbarkeit das Herz des Evangeliums ist. Und weil das Evangelium die frohe Botschaft ist, ist der dankbare Mensch ein Teil des lebendigen Evangeliums.

Ich erinnere mich an meine Kindheit. Wir waren arm, sehr arm. Mein Vater starb, als ich acht Jahre alt war, und meine Mutter musste mit 280 DM im Monat auskommen. Für eine fünfköpfige Familie ist das sehr wenig. Immer am Anfang des Monats, wenn meine Mutter das Geld vom Amt holte, durfte eines der Kinder mit zum Einkaufen gehen und bekam etwas Süßes. Sie sagte dann: „Aber sag es den anderen nicht!" Sie wollte nicht, dass den anderen das Herz blutet. Jeder von uns wusste, was es bedeutete, wenn einer von uns mitgehen durfte, aber wir hatten gelernt, dankbar für den zu sein, der dran war.

Armut war für uns nie ein Grund, nicht großzügig zu sein. Wir schenkten meiner Mutter große Sträuße von Wiesenblumen, und weil wir keine Blumenvasen hatten, waren sie auch in Einkochgläsern schön. Sie hat sich gefreut, auch wenn hin und wieder eine Blume aus Nachbars Garten dabei war. Wenn wir Kinder beim Bauern

Geld für unsere Mitarbeit bekamen, kauften wir eine Kleinigkeit für meine Mutter. Sie zeigte ihre Dankbarkeit durch die Süßigkeiten, die sie uns wieder zuschob. Sie legte immer etwas Geld zur Seite, weil irgendwann auch Weihnachten kam. Am Heiligen Abend durften wir nicht ins Wohnzimmer, bis sie die Wunderkerzen am Baum entzündet hatte und mit einem Glöckchen läutete, um uns hereinzubitten. Mit großen Kinderaugen staunten wir über den schön geschmückten, mit Lametta behangenen Baum, und meine Augen suchten schon das Päckchen, das eventuell für mich war.

Die Frömmigkeit meiner Mutter war nie bedrängend, aber sie wollte, dass wir verstanden, was wir feiern. Wir sangen Weihnachtslieder und suchten mit den Augen nach den passenden Päckchen. Da ich der Frömmste von uns Kindern war, durfte ich die Weihnachtsgeschichte aus dem Lukasevangelium lesen. Danach, dann endlich, war die Bescherung. Es war nie viel, aber wir hatten Freude und waren dankbar für alles, was wir bekamen. Meine Mutter bekam auch etwas. Vor allem unsere fröhlichen Kinderaugen und die vielen gebastelten Dinge und Zeichnungen, über die sie sich sichtbar freute.

Dankbarkeit war das Lebenselixier meiner Mutter, und damit hat sie uns zur Großzügigkeit erzogen. Als ich schließlich mein erstes Geld verdient hatte, kaufte ich ihr zu Weihnachten die dreiteiligen Schlaraffia-Matratzen. Bis dahin lag sie auf dünnen, mit „Stroh" gefüllten Matratzen, die ihr mehr Rückenschmerzen als Nachtruhe bescherten. Alles, auch die anderen Dinge von meinen Geschwistern, wurde auf das Sofa im Wohnzimmer gelegt und ein Bettlaken darüber, damit man nichts erkennen konnte.

In diesem Jahr stand meine Mutter auf dem Flur und wir Kinder entzündeten die Wunderkerzen und läuteten. Sie kam herein und sah das Bettlaken. Ein liebevolles Strahlen ging über ihr Gesicht. Dann sangen wir, in diesem Jahr noch zusätzlich zwei Lieder und ich las die Weihnachtsgeschichte ganz langsam vor. Wir hatten meine Mutter so platziert, dass sie auf das Bettlaken schauen konnte, und hatten eine riesengroße Freude, ihre erwartungsvollen Blicke zu sehen. Dann endlich war die Bescherung und wir hatten mehr Freude an der Freude meiner Mutter, als an den Geschenken für uns. Es war unsere Dankbarkeit für all das, was sie für uns getan hatte. Jeder von uns bekam einen Kuss und vor Freude hatte sie Tränen in den Augen.

Jeder Schritt, den wir aus Dankbarkeit machen, führt uns zum Glücklichsein. Es war der glücklichste Heilige Abend in unserer Familie.

Praktische Anwendung

Armut ist kein Grund, nicht großzügig zu sein. Weder in materieller, noch in seelischer Hinsicht. Alles was Sie heute mit Dank wahrnehmen, wird Ihnen zur Freude werden. Seien Sie großzügig mit sich selber, dann fällt es Ihnen leichter, dankbar zu sein, und die Freude wird Ihre Seele hüpfen lassen.

Nährstoff Zufriedenheit

Zufriedenheit führt zum Frieden! Der Elefant der unerfüllten Erwartungen ist ein lästiger Kerl. Es sagt uns, dass es nicht genug ist, was wir haben und wenn wir mehr haben, dann ist das auch nicht genug.

Josef Müller ist ein Mann, der als Steuerberater mit vier Kanzleien und fünfzig Mitarbeitern Unmengen Geld verdient hatte. Damit hatte er ein Auskommen, mit dem jeder andere Mensch hätte zufrieden sein können. Nicht so Josef Müller. „Ich war gierig und wollte unendlich reich werden." Beflügelt durch jede Menge Kokain, ließ Müller es gerne krachen. Ob Champagner-Orgien im Münchner Nachtleben, teure Callgirls, Rolls Royce, Yacht auf Mallorca, die Nachbarvilla von Friedrich K. Flick im Münchner-Herzogpark oder ein McLaren mit Flügeltüren für 650.000 Mark, der Polizistensohn liebte die schillernde Selbstinszenierung. Und dieser Mann sagte einmal bei einem Vortrag: „Geld hat keinen Sättigungsgrad!"

In dem Augenblick, in dem das nicht reicht, was ich habe, können zwei ganz unterschiedliche Dinge passieren:

1. Ich werde unzufrieden und lasse den Elefanten der unerfüllten Erwartungen auf meinem „Psychoseelen-Trampolin" Platz nehmen. Meine Zukunft wird von Missgunst, Trübsal und dem immerwährenden Gefühl der Benachteiligung bestimmt. Oder:
2. Ich bin dankbar für das, was ich habe, und mache mir Gedanken über das, was ich noch brauche, damit es reicht.

Wir dürfen uns nicht täuschen lassen. Die Werbung nutzt diese Bedürfnisse in uns, dass wir mehr wollen, als wir wirklich brauchen. Wir sind ihr täglich ausgesetzt. Um immer mehr zu bekommen, müssen wir immer mehr arbeiten oder immer mehr Geld verdienen. Es haben aber nicht alle genug, um ein bescheidenes Leben leben zu können. Es gibt Situationen, die ein Mehr brauchen. Das ist hier nicht das Thema. Unser Thema ist die Zufriedenheit mit dem, was reicht! Wir brauchen Mut, um zufrieden zu sein. Wer sich auf diesen zum Frieden hinwirkenden Weg begibt, der erlebt, wie sein Trampolin wieder in Schwingungen gerät.

Praktische Anwendung

Versuchen Sie drei Dinge zu finden, für die Sie dankbar sind und dann freuen Sie sich darüber. Machen Sie das eine Woche lang und dann steigern Sie die Aufzählung der dankbaren Dinge oder Situationen. Sie werden sehen, damit erhöht sich Ihr Potential des Glücklichseins.

Nährstoff Friede

Dieser Nährstoff ist ein Programm. Das Wort Friede kann aus dem Mittelhochdeutschen abgeleitet werden und bedeutet so viel wie Schonung und Freundschaft.

Seit vielen Jahren bieten meine Frau und ich Eheseelsorge an. Neben vielen anderen Themen in der Ehe ist Friede ein Wunsch aller, die eine gute Ehe führen wollen. Friede kommt nicht von alleine, Frieden muss man wollen und etwas dafür tun. In unseren Worten, die wir zueinander sagen, liegt das Potential des Kampfes oder des Friedens verborgen.

Wie sage ich was? Wenn ich meinen Partner schonen möchte, wähle ich entsprechende Worte. Sie können mit Ihren Worten einen anderen Menschen einen imaginären Abhang hinunterstoßen oder ihm eine Brücke zu ihrem Herzen bauen. Wenn ich mein Gegenüber den Abhang hinunterstoße, verletze ich ihn, bereite ihm Schmerzen und habe anschließend viel Arbeit, ihn wieder auf den Weg zu bringen. Wenn ich ihm aber mit meinen Worten eine Brücke zu meinem Herzen baue, werde ich ihn gewinnen.

Friede ist mit dem Ziel verbunden, den anderen zu gewinnen. Frieden halten, fordert die ganze Kreativität eines Menschen, einen Weg durch den Dschungel von Gefühlen und Verletzungen zu finden. Das geht nur, wenn jeder bereit ist, einen Weg der Demut zu gehen. Demut heißt, dem anderen auf Augenhöhe zu begegnen. Das fordert mein Selbstvertrauen heraus, und wenn mir dieser Weg gelingt, wird mein Selbstvertrauen wachsen.

In dem hebräischen Wort Shalom, was so viel wie Frieden heißt, ist noch mehr enthalten. Da geht es um sicher sein, heil sein, vollständig sein, frei sein und bewahren. Wenn Sie ein aktives Friedensleben leben möchten, haben Sie hier einen wirksamen Ansatz. Wenn Sie verheiratet sind, ist Ihr Partner das beste Gegenüber, um den Weg des Friedens zu gehen. Wenn Sie alleine leben, suchen Sie sich jemanden, mit dem Sie es leben können. Erklären Sie den kommenden Monat zu einem Friedensmonat.

1. Woche

Leben Sie so, dass Ihr Partner in Ihrer Gegenwart sicher sein kann.

2. Woche

Leben Sie so, dass vorhandene zwischenmenschliche Wunden heil werden können. Da ist Ihre Fantasie, Kreativität und Ihr Mut herausgefordert.

3. Woche

Leben Sie so, dass Sie an Ihrem Partner die verschiedenen Gaben und Fähigkeiten entdecken und ihm das mitteilen.

4. Woche

Freiheit ist eines unserer größten Güter in unserer Gesellschaft. In unseren Beziehungen leben wir das oftmals ganz anders. Darum „entlassen" Sie Ihren Partner von allen Vorstellungen, wie er für sie sein sollte, freuen Sie sich an seinem „Frei-sein" und erleben Sie darin ein hohes Maß an Entwicklung und Kreativität. In dieser Freiheit entdecken Sie die Schönheit Ihres Partners auf einer ganz neuen Ebene.

5. Woche

Das ist die schwerste Woche. Wenn Sie die Resultate der vergangenen vier Wochen aufgeschrieben haben, versuchen Sie zu bewahren, was Sie erreicht haben.

Sie werden am Ende dieser 5 Wochen, manchmal hat der Monat eine 5. Woche, gemeinsam mit Ihrem Partner auf dem Trampolin springen können. Damit Ihnen alles gelingen kann, sollten Sie jeden Tag einen kräftigen „Schluck" vom nächsten Nährstoff nehmen!

Praktische Anwendung

Haben Sie Mut das umzusetzen, was Sie gerade gelesen haben. Sie werden den Frieden in Ihrem Herzen deutlich spüren.

Nährstoff Geduld

Ziegen, Truthähne, Hühner, Kühe, Kälbchen, ein Esel und ein Lama prägen das Bild vor meinem Arbeitszimmer. Auf der Straße ins Tal gehen viele Familien spazieren. Sie kommen nicht mehr weiter, wenn die Kinder die Ziegen entdeckt haben. Jetzt brauchen die Eltern Zeit und Geduld! Die Ziegen sind der Renner. Die Kinder holen sich eine Hand voll Heu und versuchen, die Ziegen zu füttern. Das machen alle Kinder. Das meiste Heu fällt auf den Boden, an den Ziegen vorbei, aber das macht nichts, die Kinder laufen zurück zum Heuhaufen, um neues Heu zu holen. Und die Eltern warten. Manchmal ist es auch der Opa oder die Oma, die da warten. Wenn alle Ziegen „gefüttert" sind, geht es zu den Kälbchen. Da die aber nicht gefüttert werden dürfen, geht es etwas schneller. Aber der Esel und das Lama sind neue Objekte der notwendigen Fütterung.

Ich frage mich, warum die Eltern oder Großeltern diese Geduld aufbringen? Es ist die Liebe und die Freude an den Kindern und deren Freude am Tun, was sie vielleicht selber gerne täten, wenn sie sich trauten.

Geduld gelingt uns, wenn wir die Liebe mitbringen. Liebe hat Zeit! Manchmal denke ich an das, was Paulus den Christen in Korinth geschrieben hat: *„Die Liebe hat den langen Atem, gütig ist die Liebe, sie eifert nicht. Die Liebe prahlt nicht, sie bläht sich nicht auf, sie ist nicht taktlos, sie sucht nicht das ihre, sie lässt sich nicht zum Zorn reizen, sie rechnet das Böse nicht an, sie freut sich nicht über das Unrecht, sie freut sich mit an der Wahrheit. Sie trägt alles, sie glaubt alles, sie hofft alles, sie erduldet alles"*[7].

Wenn man diese Liebeseigenschaften praktiziert, lernt man Geduld. Von alleine geht im zwischenmenschlichen Bereich gar nichts. Alles muss ich wollen und es tun. Darum stimmt, was Erich Kästner einmal schrieb: „Es gibt nichts Gutes, außer man tut es!" Wenn man sich entscheidet, ein geduldiges Leben einzuüben, wird man schon nach kurzer Zeit erleben, dass man wieder sehr hoch auf seinem „Psychoseelen-Trampolin" springen kann.

---

[7] 1. Korinther 13, 4-7

Geduld muss ich lernen. Zuerst mit mir selber. Ungeduldig werde ich nur im Vergleich mit anderen, die das gleiche wie ich machen und es schneller können. Ist es deshalb besser? Nicht unbedingt. Nur schneller. Und haben sie deshalb mehr vom Leben als ich? Nicht unbedingt, sie können nur viel mehr als ich in der gleichen Zeit leisten, aber das bedeutet nicht, dass es ihnen besser geht.

Wenn man etwas gut machen möchte, geht es nicht zuerst um Zeit. Lassen Sie sich Zeit für das Wesentliche, und das ist der Augenblick.

„Die wichtigste Stunde ist die Gegenwart, der bedeutendste Mensch ist der, der mir gerade gegenübersteht, das notwendigste Werk ist stets die Liebe.[8]

Einer der Wüstenväter wurde einmal von einem Suchenden gefragt, warum er so geduldig ist und wie er das gelernt hat. Er antwortete ihm:

„Wenn ich stehe, dann stehe ich,
wenn ich gehe, dann gehe ich,
wenn ich sitze, dann sitze ich,
wenn ich esse, dann esse ich,
wenn ich liebe, dann liebe ich ..."

Der Suchende antwortete ihm: „Das tue ich auch!" Der Mönch antworte ihm, das könne nicht sein, denn dann wäre der Suchende ja geduldig und glücklich.

„Aber es scheint doch so zu sein:
Wenn ihr sitzt, dann steht ihr schon,
wenn ihr steht, dann lauft ihr schon,
und wenn ihr lauft, dann seid ihr nicht unterwegs,
sondern mit euren Gedanken schon am Ziel."[9]

---

[8] Meister Eckehart

[9] Zitat der Wüstenväter. Quelle unbekannt

Falls Sie einen „Elefanten" jagen oder verjagen wollen, der eine permanente Unruhe auf ihrem „Psychoseelen-Trampolin" verursacht, versuchen Sie ihn mit Geduld herunterzulocken. Sie werden staunen, was passiert, wenn Sie sich genügend Zeit nehmen! Freunden Sie sich mit ihm an, und er wird Ihre Freundlichkeit schätzen und Ihnen folgen.

Praktische Anwendung

Wenn man etwas gut machen möchte, geht es nicht zuerst um Zeit. Lassen Sie sich Zeit für das Wesentliche, und das ist der Augenblick.

Nährstoff Freundlichkeit

Über viele Jahre habe ich Gruppentherapie angeboten. Die Teilnehmer wünschten sich zu Beginn der Sitzung immer ein Thema, das lebensrelevant ist. Einmal schlug ich ihnen vor, über das Thema „Ich kann auch freundlich sein!" zu sprechen Es ist erstaunlich, aber man kann sich entscheiden, freundlich zu sein.

Meine Frau und ich sind viel mit dem Auto unterwegs. Wir haben uns gegenseitig die Freiheit gegeben, einander darauf hinzuweisen, wenn einer von uns beiden am Steuer einen Verkehrshinweis übersieht. Wir wissen, dass diese Situation bei vielen Paaren zum Streit und zur schlechten Stimmung führen kann. Darum haben wir vorgesorgt und es uns beiden erlaubt. Das funktioniert hervorragend. Im Stadtverkehr kennen wir alle die Situation, dass jemand aus der Nebenstraße in den Verkehrsfluss einbiegen möchte, aber keiner lässt ihn raus. Wenn es die Situation erlaubt, zeigen wir unsere Freundlichkeit dadurch, etwas langsamer zu werden, dem Wartenden ein Zeichen gebend, dass er vorfahren darf. Diese Freundlichkeit macht gute Stimmung im eigenen Auto. Freundlichkeit sagt aus, ich erkenne in dir nicht meinen Gegner oder Feind, sondern einen Freund.

All unser Tun hat Folgen. Wir wissen das, aber wir denken nicht immer darüber nach. Oftmals fällt uns unser Tun erst auf, wenn wir die Folgen erleben. Wenn ich jemanden vor Wut anschreie, dann bekomme ich in der Regel keinen freundlichen Blick zurück. Wenn ich aber jemandem eine Freundlichkeit erweise, werde ich durch ein Lächeln belohnt. Der Nährstoff Freundlichkeit erfreut nicht nur mein Gegenüber. Er erfreut mein eigenes Herz und ich hüpfe damit auf dem Trampolin wie eine Feder, auch wenn ich 120 Kilogramm wiege!

Praktische Anwendung

Wenn Sie jemandem eine Freundlichkeit erweisen, werden Sie durch ein Lächeln belohnt. Das wird Sie ermutigen, es wieder zu tun.

Nährstoff Güte

Das Gütesiegel in der Wirtschaft ist keine gesetzliche Bestimmung. Es ist freiwillig. Es betont die Qualität eines Produktes und weist auf die Sicherheit hin. Außerdem bestätigt das Gütesiegel eine gewisse Umweltverträglichkeit.

Das ist es, was wir an Menschen mit Güte wahrnehmen. Sie haben Qualität, sind sicher und „umweltverträglich". Wie kommt ein Mensch zu dieser Eigenschaft? Nicht von allein. Die Güte eines Menschen nimmt oft mit dem Alter zu. Das liegt an der Lebenserfahrung und an der Weisheit, die das Alter mit sich bringen kann. Ich erzähle Ihnen eine

Geschichte, die nur aus der Güte eines weisen Mannes kommen konnte:

„Ein berühmtes Kloster war in große Schwierigkeiten geraten. Waren die vielen Gebäude früher voller Mönche gewesen, schleppte sich jetzt nur eine Handvoll alter Mönche durch die Kreuzgänge und pries Gott mit schwerem Herzen.

In der Nähe hatte ein alter Rabbi eine kleine Hütte gebaut, um von Zeit zu Zeit dort zu fasten und zu beten. Solange er dort weilte, fühlten sich die Mönche von seiner betenden Gegenwart mitgetragen. Eines Tages suchte der Abt des Klosters den Rabbi auf. In der Tür umarmten sie sich herzlich und schauten einander lächelnd an. Sie setzten sich an einen Tisch, auf dem die Heilige Schrift geöffnet lag. Sie saßen nicht lange, da bedeckte der Abt sein Gesicht mit den Händen und weinte – weinte wie ein verlassenes Kind.

„Du und deine Brüder", begann der Rabbi, „ihr dient dem Herrn nur mit schwerem Herzen. Ich will dir eine Weisung geben, die du aber nur einmal wiederholen darfst. Danach darf niemand sie je wieder aussprechen." Der Rabbi schwieg eine Weile. Dann sagte er: „Die Weisung lautet: Der Messias ist unter euch!"

Am nächsten Morgen rief der Abt seine Mönche zusammen und erzählte ihnen von seiner Begegnung mit dem Rabbi und auch davon, dass dessen Weisung nie wieder laut ausgesprochen werden dürfe. Dann schaute er die Brüder der Reihe nach an und sagte: „Die Weisung lautet: In einem von uns ist der Messias!"

Die Mönche reagierten bestürzt: Wer ist es? Bruder Johannes oder Pater Markus? Oder Bruder Thomas?

Seitdem gingen die Mönche ganz anders miteinander um: ehrlicher, herzlicher, freundlicher und ehrfürchtiger.

Sie lebten jetzt zusammen wie Menschen, die endlich etwas gefunden haben. Die gelegentlichen Besucher zeigten sich betroffen und angesprochen von diesem Geist, der jetzt von den Mönchen ausging.

Und es dauerte nicht lange, da kamen die Menschen von nah und fern und auch die Chorstühle füllten sich wieder.[10]

Gütig wird man nicht von alleine. Gütig wird jemand, wenn er viel beobachtet, versteht, reflektiert und nicht verurteilt. Der Weg der Güte ist der Weg der Liebe, des Verstehens und Vergebens. Unversöhnliche Menschen werden niemals gütig. Darum ist der Nährstoff der Güte ein Langzeitpräparat, dessen positive Wirkung erst nach vielen Jahren einsetzt. Es kann sein, dass man dann nicht mehr aufs Trampolin will, dass aber das Herz noch immer voller Freudensprünge ist.

Praktische Anwendung

Gütig werden Sie, wenn Sie viel beobachten, versuchen zu verstehen, das Geschaute reflektieren und nicht verurteilen.

Nährstoff Treue

Das Besondere an der Treue ist die Verlässlichkeit. Das ist ein Nährstoff mit Gütesiegel! Es ist vielen Menschen nicht bewusst, dass unser Gesellschaftssystem mit seinen Ordnungen nur funktioniert, wenn sich alle treu daran halten. Denken Sie nur an den Straßenverkehr, an unsere Geschäftszeiten, Bürozeiten, Flugsicherung und Fahrpläne. Ich habe einmal in Kamerun auf einem Bahnsteig gelesen: Heute könnte ein Zug kommen. Mancher mag jetzt schmunzeln, wenn er an die Deutsche Bahn denkt.

[10] Nach Francis Dorff

Dennoch ist die Verlässlichkeit ein hohes Gut in unserer Gesellschaft, weil alles miteinander verbunden und vernetzt ist. Fällt etwas aus, kommt das ganze System durcheinander.

Unsere zwischenmenschlichen Beziehungen sind genauso aufgebaut. Sie leben von der Verlässlichkeit und Treue eines Partners. Wenn die Treue gebrochen wird, kommt das ganze zwischenmenschliche System durcheinander. Die Zehn Gebote sind ein Herzensanliegen Gottes für sein Volk. Sie sind auf dem Prinzip der Treue aufgebaut.

In der jüdischen Zählung ist das erste Gebot eine göttliche Proklamation: „Ich bin der HERR, dein Gott, der ich dich aus Ägyptenland, aus der Knechtschaft, geführt hat."[11] Ich war dir treu! Du konntest dich auf mich verlassen! Darum verlass mich nicht, damit du nicht wieder in der Knechtschaft landest. Die danach folgende Ermahnung ist deutlich, man spürt in ihr aber die Liebe, fast wie eine Bitte: „Du sollst keine anderen Götter haben neben mir."[12] So wird die Beziehung zwischen Mensch und Gott halten.

Untreue hat ihren Preis und Treue hat ihre Belohnung. Wenn man alle Gebote liest, die in 2. Mose 20 beschrieben sind, staunt man über den Wert der Treue und der Verlässlichkeit. Keiner muss mit dem moralischen Zeigefinger durch die Welt laufen, um uns zu sagen, was man tut oder nicht tut. Wenn wir einander treu bleiben und uns aufeinander verlassen können, gelingt das Miteinander.

Eine Moralpredigt wirkt auf unser moralisches Verständnis, geht aber nicht ins Herz. Das Rückbesinnen auf die Ordnungen, die Gott unserem Leben gegeben hat, bewirkt eine Neuausrichtung. Wenn jemand diese Grundordnungen verlässt und in das Haus eines Menschen einbricht und dort

---

[11] 2. Mose 20, 2

[12] 2. Mose 20,3

stiehlt, bringt er das göttliche System der Verlässlichkeit durcheinander. Wir fühlen uns nicht mehr sicher. Verlässlichkeit aber schafft Geborgenheit, und Geborgenheit ist ein verlässlicher Grundstein zur Treue!

Wenn meine Frau und ich einen Eheermutigungstag anbieten, beenden wir diesen Tag mit dem Lied von Klee:

„Willst du bei mir bleiben?"

Willst du bei mir bleiben –
von jetzt an bis zum Schluss?
Willst du mein Zuhause sein –
in diesem großen Zirkus?
Willst du bei mir bleiben –
auf dieser weiten Reise –
bis der letzte Vorhang fällt für uns beide?

Vielleicht wird's nicht immer einfach sein –
doch die Last der schweren Tage
wird leichter, wenn wir sie teilen
und uns gegenseitig tragen![13]

Das ist die Sehnsucht und das Versprechen der Treue. Beieinander bleiben in den guten und in schweren Tagen und einander die Lasten tragen. Eine Entscheidung, die Hochsprünge auf unserem Trampolin zulassen.

Praktische Anwendung

Gehören Sie zu den Treuen, oder gehören Sie eher zu den Untreuen? Treu wird man durch treu sein. Dazu kann man sich jeden Tag neu entscheiden.

---

[13] https://www.golyr.de/klee/songtext-willst-du-bei-mir-bleiben-741515.html

Nährstoff Mitgefühl

Es geht nicht um mich, um meine Empfindungen, um meine Wege, mit Lasten, Schmerzen, Verletzungen und Enttäuschungen umzugehen, sondern um den anderen. Das bedeutet, hinzuhören und lernen zu verstehen, was kaum zu verstehen ist, weil ich alles ganz anders empfinde als mein Gegenüber. Mitgefühl zeigen bedeutet, sich nicht zum Maßstab zu machen. Der andere darf anders sein und in seinem Anderssein versuche ich ihn zu verstehen. Mitgefühl zu zeigen, beschwingt zugleich die eigene Seele. Alle Menschen leben davon, dass sie von anderen wahrgenommen, verstanden und geliebt werden.

In einer Fortbildung über Seelsorge erzählte ich den Teilnehmern folgende Situation: Stellen Sie sich vor, eine alte Frau kommt zu Ihnen, die völlig aus dem Gleichgewicht geraten ist, weil ihr Kanarienvogel starb. Sie selber sind kein Vogelfreund und erklären der Dame, das alles sei nicht tragisch. In der Stadt gebe es eine Zoohandlung, in der sie sich einen neuen Vogel kaufen könne.

Glauben Sie, dass die Dame bei Ihnen Mitgefühl gespürt hat? Sicher nicht. Besser wäre es, Sie würden Ihr Mitgefühl so zum Ausdruck bringen, dass Sie den Schmerz des Verlustes der alten Dame widerspiegeln und ihr zu verstehen geben, dass Verlust immer ein Herzensthema ist. Da kommt es nicht auf den Gegenstand an, sondern auf den Schmerz des Verlustes. Die Freude an dem Vogel, die Gemeinschaft mit ihm und das Gewöhntsein an den kleinen Kameraden, der vor Freude gezwitschert hat, wenn sie sich dem Käfig näherte. Nun ist das alles plötzlich weg und kann nicht ohne Weiteres ersetzt werden. Trauern Sie mit der alten Dame und trösten Sie sie mit liebevollen Worten.

Mitgefühl ist die Kunst, von sich wegzuschauen und den anderen im Blick zu haben. Wenn Sie das schaffen, wird Ihre eigene Seele Luftsprünge auf dem Trampolin machen.

Praktische Anwendung

Mitgefühl zeigen bedeutet, sich nicht zum Maßstab zu machen, sondern den anderen in seiner Situation zu verstehen. Das ist für Ehepaare ein liebevoller Weg, um die Seele des Partners zum Hüpfen zu bringen.

Nährstoff Wertschätzung

An sich ist Wertschätzung schon ein Ausdruck, mit dem man den Wert seines Gegenübers deutlich zu erkennen gibt. Das gelingt uns aber nur, wenn wir unseren eigenen Wert erkannt haben. Erinnern Sie sich noch an die Forschung über das Glücklichsein und die Ergebnisse dieser Untersuchung?

Eine der drei Erkenntnisse war die Korrektur falscher Glaubensmuster. Wer den Wert des eigenen Lebens nicht erkennt und davon überzeugt ist: Ich bin zu dumm, ich bin nicht hübsch, ich bin zu unwichtig, ich mache immer alles falsch, aus mir wird nie etwas, mich kann man zu nichts gebrauchen usw., der braucht einen neuen Blick auf seine eigene Persönlichkeit und seine persönlichen Glaubensinhalte. Denn wenn ich das glaube oder etwas Ähnliches, habe ich keinen gesunden Selbstwert und werde meinem Gegenüber keine Wertschätzung entgegenbringen können. Schauen wir uns diese falschen Glaubensmuster noch einmal an:

„Ich bin zu dumm!"

Wer sagt das? Haben Sie herausgefunden, wie dumm Sie wirklich sind, und wo legen Sie den Maßstab an?

„Ich bin nicht hübsch!"

Was ist hübsch? Wer sagt, was hübsch ist? Schauen Sie sich ein Model an. Sind die wirklich hübsch oder eher magersüchtig? Was macht einen Menschen hübsch? Welche Vorstellungen verbindet man damit?

„Ich bin unwichtig!"

Wer ist wirklich wichtig? Wir alle sind ersetzbar, nur einer nicht, und das bin ich! Jeder von uns hat in seiner Individualität etwas zu geben, das kein anderer hat.

„Ich mache immer alles falsch!"

Was ist denn alles? Alle Menschen machen etwas falsch und ganz viel richtig, und dazu gehören auch Sie.

„Aus mir wird nie etwas!"

Was ist denn „etwas"? Ist es ein finanzieller Erfolg? Ist es eine Traumvorstellung von einer Karriere? Ist es nicht eher so, dass Sie mit dem, wer Sie sind und was Sie sind, ganz viel tun können? Wären Sie gerne Bundeskanzler oder Bundeskanzlerin? Und wenn ja, warum sind Sie es nicht? Haben Sie schon versucht, es zu werden? Man zahlt einen hohen Preis für eine exponierte Stellung. Wollen und können Sie das? Wenn ja, warum sind Sie es nicht? Solche selbstreflektierenden Fragen bringen Sie wieder an den Punkt, was Sie wirklich können, und da sollten Sie einen „Schluck" aus der Flasche der Dankbarkeit nehmen, damit Ihre Augen aufgehen und Sie sehen, dass Sie schon etwas sind. Sie sind da und haben Gaben und Fähigkeiten, in Ihrem Umfeld Gutes zu tun.

„Mich kann man zu nichts gebrauchen!"

Wer sagt das? Hatten Sie Misserfolge? Und wenn ja, woran liegt das? Doch, man kann Sie gebrauchen! In dem Augenblick, in dem Sie aus dem Abseits treten und aufhören, ein Abwehrspieler zu sein, werden Sie ein Stürmer und fangen an, Tore zu schießen.

Erkennen Sie Ihren eigenen Wert und werden Sie ein Wertschätzer! Damit laden Sie viele Menschen auf ihr Trampolin ein und können gemeinsam bis zum Himmel springen.

Ein Freund, der für die Arbeit mit behinderten Menschen ausgebildet und dort beschäftigt ist, hat mir seine Geschichte erzählt:

> Ich sollte an einem Projekt teilnehmen, bei dem vier Schwerstbehinderte betreut werden. Wir sollten uns bemühen, diese vier kranken Menschen so zu behandeln, dass sich ihre Situation deutlich verbessert.
>
> Es sind Menschen, die unter einer starken Autoaggression und Autismus leiden. Sie waren furchtbar. Für mich waren sie wie Tiere, die keinerlei menschliche Züge an sich hatten.
>
> Ich konnte das nicht. Ich hatte weder Liebe noch irgendein Gefühl von Wertschätzung für sie.
>
> Mein Gewissen quälte mich. Hatte Jesus nicht alles für mich und für sie getan, damit wir leben können?
>
> Mir fielen so viele Menschen ein, die sich für andere aufopferten, oft ihre letzte Kraft gaben, damit diese etwas leben konnten. Und trotzdem, ich konnte es nicht. In mir war nur Ekel. Ich sah den einen dieser Behinderten, wie er sich selber bis auf die Knochen in die

Schulter biss. Zerstörung, nur ein Klumpen Fleisch mit unkontrollierten Gebärden.
Ich bat um etwas Bedenkzeit und verließ die Station. Ich schrie zu Gott, er möge mir Liebe und Wertschätzung für diese Menschen geben. Und immer wieder fiel mir Jesus ein. Ich sprach mit ihm: „Herr, ich kann es nicht. Da ist nichts in mir, womit ich diese Menschen lieben könnte, das ist zu schwer für mich. Entweder tust du ein Wunder in mir oder ich werde diesen Job nicht annehmen."
Später ging ich wieder auf die Station zurück. Ich war verzweifelt und verstört und ein innerliches Unbehagen rumorte in mir. Innerlich war ich vollkommen aus der Bahn geworfen.
Dann ging ich mit dem Gruppenleiter, einem Mann voller Liebe und Zuneigung für diese Menschen, in das Zimmer der vier Behinderten und plötzlich erfüllte sich dieser Raum mit Liebe und über mich kam eine tiefe Liebe für diese Menschen, die ich nie erahnt hätte. Einer fummelte in seiner Hose herum und strich mir anschließend über den Kopf. Noch vor einer Stunde hätte ich mich so geekelt, dass ich geflüchtet wäre. Und nun konnte ich das alles ertragen.
Ich sagte zu, und vier Jahre später haben wir mit dieser Gruppe alle Projektbeteiligten ins Staunen versetzt. Die autistische Problematik war kaum noch zu erkennen und die Autoaggression hatte vollkommen aufgehört. Wir gehen mit den Jungs in jedes Restaurant, in den Urlaub und auf die Straße.
Die Wertschätzung, die uns Jesus für diese vier gegeben hat, hat ihr Leben vollkommen umgewandelt. Es sind nicht die therapeutischen Kniffe, es ist allein die Liebe, die in der Betreuung dieser Menschen Wirkung zeigt.

Wenn wir in unseren Beziehungen etwas positiv verändern wollen, dann durch die Wertschätzung. Damit bekommen oder vertreiben Sie jeden „Gefühlselefanten", denn die Entscheidung zu lieben, nimmt dem „Elefanten" alle Kraft.

„Liebe ist nur ein Wort"[14], und wenn dieses Wort kein Leben durch die Wertschätzung bekommt, bleibt es nur ein Wort. Aber es geht auch ganz anders, wie es die tatsächlich geschehene Geschichte aus Afrika erzählt:

> Ein afrikanischer Vater hatte eine Tochter, und die war keine berühmte Schönheit: Schlaksig, dürr und schief stand sie mit herunterhängenden Schultern. Ihr Gang war nicht der einer Antilope, sondern eher wie der eines Elefanten. Ihren Augen fehlte der Funke, und sie ließ den Kopf hängen, – „Was bin ich für ein geplagter Vater! Die Tochter nimmt mir niemand ab. Die bringt als Brautpreis höchstens eine Kuh. Andere, die können für ihre Tochter drei oder vier Kühe verlangen. Ich muss Glück haben, wenn ich sie loskriege."
> Und dieser Vater hört eines Tages, dass sich ausgerechnet für seine Tochter ein junger Mann interessiert. *Na, verlang' ich mal drei Kühe, ich kann dann immer noch auf eine runtergehen.* Der junge Mann erscheint, die Familie ist versammelt. Der Vater traut seinen Ohren nicht, als der junge Mann erklärt: „Ich biete dir für deine Tochter acht Kühe."
> Schnell, schnell setzt der Vater den Vertrag auf. Der junge Mann bezahlt. Die Hochzeit wird gefeiert, die junge Frau zieht mit ihrem Mann in dessen Dorf. Wenige Monate später bekommt das junge Paar in dem entfernten Dorf Besuch. „Sag mal", sagen die Besucher zu

[14] Johann Mario Simmel *Liebe ist nur ein Wort*, 1967.

dem Ehemann, „warum hast du dich von deinem Schwiegervater so übers Ohr hauen lassen? Du bist doch sonst nicht so dumm in Geschäften." Da geht die Tür auf, eine junge Frau erscheint, legt eine Tischdecke auf, bringt etwas zu trinken und verschwindet wieder. Die Besucher sehen ihr mit großen Augen nach. „Ja, das ist meine Sarita" sagt der Ehemann. „Acht Kühe wert."
„Aber die ist ja so anders, so schön, gar nicht so ..."
„Ja, vielleicht wäre sie noch hässlich, wenn sie wüsste, dass sie mir nur eine Kuh wert ist. Sie hätte ewig den Spott und das Gelächter der anderen Frauen am Hals. Aber seit sie weiß, was sie mir wert ist, hat sie sich verändert. Sie ist schön, seht selber: schöner als alle. Denn ich habe für sie einen Liebhaberpreis bezahlt."[15]

Wertschätzung ist eine liebevolle Leidenschaft. Sie sieht das Gegenüber mit den Augen des Herzens. Manche Menschen sind von Natur aus dazu begabt, andere müssen es lernen. Es ist gut, wenn man das lernt. Wertschätzung öffnet die Herzen und lockt den Elefanten vom „Trampolin".

Praktische Anwendung

Wertschätzung ist eine liebevolle Leidenschaft. Betrachten Sie Ihr Gegenüber heute mit den Augen des Herzens. Schenken Sie ihm den Wert, den Ihr Herz zulässt. Denken Sie daran, dass Gott alle Menschen liebt, auch die ganz „schrägen"! Sie werden es schaffen und selber glücklich sein!

[15] Verfasser unbekannt

Nährstoff Hoffnung

Das Wort Hoffnung kommt aus dem Mittelniederdeutschen und heißt so viel wie „hüpfen". Es kann auch „springen" oder „zappeln" bedeuten. Hoffnung ist eine zuversichtliche innere Ausrichtung. Sie ist eine positive Erwartungshaltung auf etwas, was man hofft, aber noch nicht sieht, und eine Zuversicht auf das, was kommen wird.

Darum gehört Hoffnung zu den wichtigsten Nährstoffen des „Psychoseelen-Trampolins". Man nennt die Hoffnung auch „die Unbezwingbare".

> „Meine Schläge, gab das Schicksal in einem Interview zu, sind hart und meine Rechte ist ebenso gefürchtet wie meine Linke. Treue, Glaube, Liebe, kurz, die schwersten Brocken habe ich auf die Bretter geschickt, und sie wurden sämtlich ausgezählt. Nur mit einem habe ich bisher nicht fertig werden können: Sooft ich ihn k. o. schlage und davon überzeugt bin, dass er nun endgültig ausgezählt auf dem Boden liegen bleibt, spätestens bei „neun" ist er wieder auf den Beinen. Und wer, fragte der Interviewer, ist dieser Unbezwingbare? Die Hoffnung, sagte das Schicksal."[16]

Als Kinder wurden wir von meiner Mutter mit einem ihrer Lieblingszitate großgezogen: „Wenn du denkst, es geht nicht mehr, kommt von irgendwo ein Lichtlein her!"[17]

Die Hoffnung ist eine wiederkehrende, erlernbare Kraft. Wenn man keine Hoffnung mehr hat und der Elefant der Hoffnungslosigkeit auf dem Trampolin liegt, scheint es ausweglos zu sein, ihn vom Trampolin wieder herunterzubekommen. Aber das ist ein Irrtum. Solange

---

[16] Hellmut Walters, Deutscher Schriftsteller 1930-1985

[17] Roswitha Rudzinski

wir leben, haben wir die Möglichkeit zu hoffen, und wenn du denkst es geht nicht mehr, kommt von irgendwo ein Lichtlein her. Man muss auf das Licht schauen, dann wird der Weg wieder hell. Und ganz langsam fängt das Trampolin wieder an zu schwingen, weil der Elefant durch das Licht vertrieben wird.

Jesus hat einmal gesagt: *„Ich bin als Licht in die Welt gekommen, damit jeder, der an mich glaubt, nicht in der Finsternis bleibe."*[18] Es gibt eine Finsternis, die uns umgibt. Es gibt aber auch eine Finsternis, die unser inneres Leben verdunkelt. Das Licht Gottes hat die Kraft, die Finsternis in der Welt und die innere Finsternis eines Menschen zu erhellen. Es ist die Frage, ob ein Mensch es zulassen kann.

Praktische Anwendung

Solange wir leben, haben wir die Möglichkeit zu hoffen. Das Licht Gottes hat die Kraft, Ihre innere Finsternis zu erhellen.

Nährstoff Selbstbeherrschung

Ein schmackhafter Nährstoff! Ich herrsche über mein Leben! Ich sage, was ich tue oder nicht tue. Ich bestimme, was ich esse oder trinke oder zu mir nehme! Ich bestimme, wie ich mich kleide, was ich sage, womit ich mich beschäftige. Ein Nährstoff, der mir die Kraft verleiht, aus dem etwas zu machen, wer oder was ich bin. Im Fußball würde die Selbstbeherrschung der Stürmer die Fremdbestimmung der Abwehrspieler sein und umgekehrt. Spannend wird's, wenn sie beide aber selber das Spiel beherrschen wollen.

---

[18] Johannes 12,46

Sie sagen vielleicht, so einfach ist das nicht. Stimmt, einfach ist das nicht, aber es wird nicht einfacher, wenn man nicht lernt, über seine eigenen Bedürfnisse und Fähigkeiten zu herrschen. Das heißt ja nicht, dass andere Menschen keinen Einfluss mehr auf mich haben. Es bedeutet nur, das ich lebe und nicht gelebt werde.

Wer selbstbeherrscht lebt, gibt Angriffsfläche und lernt seinen Standpunkt mit denen abzugleichen, die einen Standpunkt haben. Ein Kompromiss kommt nur zustande, wenn es zwei gleichberechtigte Positionen gibt. Erst dann kann man sich auf einen gemeinsamen Weg einigen. Manchmal muss man selber etwas loslassen, um einen Kompromiss eingehen zu können. Manchmal ist es auch der andere. Je mehr Klarheit wir über unser eigenes Leben haben, desto klarer können wir mit anderen kommunizieren.

Die Selbstreflexion ist ein guter Weg, um einen „Schluck" Nährstoff aus der Flasche der Selbstbeherrschung zu nehmen. Seien Sie mutig und nehmen Sie sich selber wahr in Ihren Fähigkeiten, Grenzen, Freuden, Abgründen und Enttäuschungen. Nur was man kennt, kann man beherrschen, sonst wird man davon beherrscht und ist ihm ausgeliefert. Wer den Mut hat, selbstbeherrscht zu leben, kann auf seinem Trampolin hohe Sprünge wagen.

Praktische Anwendung

Seien Sie mutig und erkennen Sie Ihre Fähigkeiten, Grenzen, Freuden, Abgründe und Enttäuschungen. Nur was Sie erkannt haben, darüber können Sie herrschen. Jetzt können Sie entscheiden, mit dem, was in Ihrem Herrschaftsbereich ist, selbstbeherrscht umzugehen.

KAPITEL 4

Wie es schlechter wird

Probleme verdrängen

Eine Verschlechterung herbeizuführen, ist ganz einfach: das Problem verdrängen, den Elefanten nicht wahrnehmen und nicht einsehen, dass man Hilfe braucht.

Es gibt in diesem Zusammenhang ein interessantes Phänomen. Es gibt Menschen, die haben gelernt, mit ihrem Problem andere unter Druck zu setzen und für sich „arbeiten" zu lassen. Sie haben einen scharfen Blick für alle Probleme und Schwächen, die andere haben, aber sobald es um ihre eigene Person geht, ist der Blick getrübt, wird nichts mehr wahrgenommen, was problematisch erscheint. Diejenigen, die solchen Menschen helfen wollen, mühen sich ab, den Elefanten vom Trampolin zu bringen. In ihrer Fürsorge merken sie nicht, dass das Tier festgehalten wird. Das Problem des Festhaltens liegt darin, dass man irgendwie leben kann, so lange es genügend Menschen gibt, die sich um das kümmern, was der Betroffene eigentlich selber erledigen sollte. Sie haben Angst davor, etwas tun zu müssen, das Mühe macht, das unmöglich scheint und bleiben lieber in ihrem Elend. Die

Befreiung von notvollen Umständen scheint gefährlich zu sein, weil damit eine Veränderung des bekannten Systems einhergeht.

Natürlich kann und darf man das nicht verallgemeinern, aber derartige Fälle sind gewiss nicht selten. Unser Ziel hingegen muss es sein, dem Menschen so zu helfen, dass er die Möglichkeit erwirbt, weitgehend für sich selber zu sorgen.

Eine tragische, aber nicht seltene Geschichte macht die wirkliche Problematik vom Trampolin und dem Elefanten deutlich: In meine Beratung kam ein Ehepaar im fortgeschrittenen Alter. Seit vielen Jahren hatten sie Probleme in ihrer Beziehung, die sich vor allem in ihrem sexuellen Zusammenleben zeigten. Der Mann glaubte, seine Frau sei das eigentliche Problem. So eine Vermutung ist gefährlich. Trotzdem sprachen wir nach dem Wunsch beider Ehepartner zuerst über die Frau. Danach lenkten wir das Gespräch auf die Anteile des Mannes an dem Konflikt. Der war im Gegensatz zu seiner Frau nicht bereit, seine Probleme zu erkennen, geschweige denn darüber zu sprechen.

Das ließ alle Warnsignale in mir angehen. Eine schwierige Situation. Da aber ein harmonisches Miteinander in der Ehe nur erreicht werden kann, wenn beide Teile Bereitschaft zeigen, sich zu ändern, sich zu korrigieren, blieben wir dran. Es zeigte sich schnell, dass der Ehemann ein tieferliegendes Problem hatte. Er machte „dicht“. Das Ergebnis war, dass er sich in den darauffolgenden Wochen stark in die Vorstellung verrannte, seine Frau sei okkult belastet und müsse zuerst davon befreit werden. In dieser Wahnvorstellung verlor das „Trampolin“ die Spannkraft, und die ersten „Ösen“ rissen aus. Der Mann wurde psychotisch. Er fasste den Plan, zu einem früheren

Arzt zu gehen, der ihm in einer Untersuchung den Vorschlag gemacht hatte, seine Blutwerte einmal gründlich untersuchen zulassen. Auf der Straße dorthin bedeutete für ihn ein rotes Auto „Weitergehen", ein weißes Auto „Nichtgehen". Es kam ein Stuttgarter Auto mit dem Kennzeichen S-EX, was ihn dazu bewog, sich auszuziehen. In diesem Zustand wurde er von einem Menschen gefunden und zurückgebracht.

In den nächsten Wochen versuchten wir, ihn dazu zu bewegen, einen Arzt für Psychiatrie aufzusuchen. Es gelang uns. Der Arzt verschrieb ihm ein Medikament, aber nachdem der Mann den Beipackzettel seines Medikaments gelesen hatte, fürchtete er sich vor den Nebenwirkungen und verweigerte die Einnahme. Leider gelang es dem Arzt nicht, die Behandlung des Mannes weiterzuführen. Es glückte nicht, weil der Mann in seinem Wahn nicht bereit war zu erkennen, dass er dringend Hilfe brauchte. Vom Beginn der Psychose bis zur Einweisung in eine psychiatrische Klinik dauerte es sechs Wochen.

Für die Ehefrau war es eine Leidenszeit und ein unerträglicher Nervenkrieg. In diesen Wochen versuchte der Mann immer wieder, mit mir über vermeintliche okkulte Belastungen seiner Frau zu sprechen. Um sicherzugehen, nahm ich mir Zeit für ihn und kam schließlich zu der Erkenntnis, dass bei ihm das „Gestell" in Mitleidenschaft gezogen war, dass bereits die ersten „Ösen" fehlten. In allen Gesprächen versuchte ich, ihn zu ermutigen, sich doch in ärztliche Behandlung zu begeben, was mir aber nicht gelang. Seine religiöse Psychose hatte ihn voll im Griff. Es kam zu einem Akutzustand, in dem ich einen Notarzt rufen musste, der ihn in die Klinik einwies.

Heute geht es diesem Mann wieder besser. Wir versuchen, die Beziehung des Ehepaares so zu gestalten, dass sie in Harmonie miteinander leben können. Dabei achten wir darauf, dass die Belastung nicht stärker wird, als es die Seele (das „Trampolin“) dieses Mannes ertragen kann. Je mehr der Mann bereit wurde, über seine Anteile zu sprechen, was die ärztliche und medikamentöse Mithilfe ermöglichte, umso wirksamer waren unsere Gespräche.

Die Probleme des Ehepaares konnten weitgehend geklärt werden. Der Ehemann wird dauerhaft seine Medikamente einnehmen müssen, wovor er sich nicht fürchten muss. Auch ein Diabetiker braucht täglich sein Insulin. Es ist vernünftiger, so zu leben und gesund zu sein, als erneut in eine Psychose abzugleiten[1]

Wir haben uns daran gewöhnt, dass es legitim ist, alle körperlichen Dysfunktionen durch die Mithilfe eines Arztes zu behandeln. Nur mit der Seele verhält sich das anders. Wenn wir Zahnschmerzen haben, lassen wir uns helfen. Aber wenn die Seele schmerzt, müssen sich viele Menschen mit diesem Schmerz plagen, weil die Seele, so scheint es, kein Recht darauf hat, Schmerzen zu empfinden, die man mit ärztlicher und therapeutischer Hilfe lindern oder sogar beheben kann. Das ist ein übler Trugschluss und schon manchem Menschen zum Verhängnis geworden. Auch mit einer Dosis Psychopharmaka kann man glücklich auf dem Trampolin springen.

---

[1] Unsere Psyche wird durch ganz bestimmte Stoffe reguliert. Dass wir lachen, weinen und uns freuen können, dass wir Trauer empfinden und Ängste haben, das hängt nicht nur mit der Harmonie von Geist, Seele und Leib zusammen, sondern hat etwas mit den chemischen Vorgängen in uns zu tun. Wenn irgendein Stoffwechselprodukt nicht mehr hergestellt wird, kann man es meistens durch Medikamente ersetzen. Häufig genug reicht es, wenn diese Medikamente eine Zeitlang gegeben werden, bis der Körper die benötigten Stoffe wieder selber produziert.

Wer keine Probleme sieht, kann trotzdem welche haben

1. Augen zu und so tun, als ob mich das alles nichts angeht.
2. Alle Probleme um mich herum so wahrnehmen, dass meine eigenen Probleme nicht vorkommen.

Ich schreibe das deshalb noch einmal so deutlich, damit wir auch zu unterscheiden lernen, wer sich helfen lassen möchte und wer nicht. Wer kein Problem hat, kann auch keines behandeln. Wer so tut, als sei bei ihm alles in Ordnung, obschon gar nichts mehr geht (was allerdings meistens nur von außen wahrgenommen wird), der verfolgt damit eine Absicht. Hinter diesem Verhalten steht die Erfahrung, dass es immer Menschen gibt, die das für einen tun, was man eigentlich selber tun sollte.

Auch in einer Klinik kann ein psychisch kranker Mensch nur gesund werden, wenn er bereit ist, seine Krankheit zu erkennen, und mithilft, sie zu überwinden. Und wenn wir außerhalb einer Klinik versuchen, einem Menschen zu helfen, dann nur unter dieser Voraussetzung, dass der Betroffene bereit ist mitzuarbeiten.

Kapitel 5

Wie es besser wird

Hoffnung ist immer möglich

Hoffnung ist immer da! Ganz besonders dort, wo es Menschen gibt, die bereit sind, ihre Probleme zu sehen. In den vergangenen Jahren hat die Bedeutung der Verhaltenstherapie sehr zugenommen. Sie braucht wie alle anderen Therapien die Mitwirkung der Patienten. Solange das „Psychoseelen-Trampolin" noch Spannung hat und die Schwingungen wahrgenommen werden, hilft die Verhaltenstherapie ganz entscheidend dabei, einem hilfesuchenden Menschen eine Struktur zu geben, mit der er dauerhaft die Seele springen lassen kann. Das ist Lebensqualität!

Jeder, der versucht, Menschen in ihrer notvollen Situation zu helfen, wird nur zum Ziel kommen, wenn er mit dem Ratsuchenden dessen eigene Kräfte mobilisiert, damit er wieder selbstständig auf seinem „Psychoseelen-Trampolin" springen kann. Das bringt Freude in sein Leben. Jetzt ist er in der Lage, die Probleme seines Lebens zu klären und Gemeinschaft in gesunden Beziehungen zu leben.

Worauf ist dabei zu achten?

Jeder von uns hat seinen Lebensraum von Gott zur Verfügung gestellt bekommen. Das ist die spannendste Erfahrung, die wir machen können. Die erste Erkenntnis ist: Ich muss nicht alles können. Die zweite Erkenntnis ist: Ich kann auch nicht alles. Die dritte Erkenntnis ist: Ich kann das, was ich kann, auch leben. Vielleicht muss ich dazu meine Umstände verändern. Das bedeutet, dass mein Umfeld in diese Erkenntnis mit einbezogen werden muss.

In dem, was dem Menschen von Gott als Lebensraum gegeben wurde, kann er alles erleben, was zu einem glücklichen Leben gehört. Jeder Raum hat seine Grenzen. Es ist gut, wenn wir uns an diese Grenzen wagen, aber es ist bedenklich, wenn wir ständig über sie hinausgehen. Ein „Trampolin", um im Bild zu bleiben, hat eine bestimmte Belastungsgrenze, und jeder von uns, das haben wir schon gesehen, hat sein eigenes „Psychoseelen-Trampolin". Menschen, die die Grenze überschritten haben, brauchen Hilfe und Ermutigung, die Grenzen ihres Lebensraumes neu zu entdecken, zu akzeptieren und in sie zurückzukehren.

In der Verhaltenstherapie lernen wir, diese Grenzen zu akzeptieren und Fehlverhalten zu korrigieren. Wir lernen unsere eigenen Grenzen wahrzunehmen und zu schätzen. Mit ihr lernen wir unser Leben so zu gestalten, dass Störungen nicht auftreten, sondern vermieden werden, damit es nicht zu dauerhaften Schäden kommt. Mit ihr lernen wir aber auch, Schäden zu regulieren und mit dem auszukommen, was wirklich da ist. So braucht es für die Hoffnung auf Leben die Bereitschaft, die Wahrheit über mich selber und mein Umfeld wahrzunehmen. Es braucht aber auch die Liebe, in der sich das Leben entfalten kann.

Versuchen wir einmal unser Leben mit den Augen Gottes zu sehen: Jeder hat das, was er zum Leben braucht. Jeder hat etwas, womit er den anderen ergänzt. Wenn das nicht zu reichen scheint, dann nur im Vergleich mit denen, auf die man so leicht neidisch werden kann. Unsere Lebensräume sind wie Flächen, die uns von Gott gegeben wurden. Dieser Gedanke scheint sich auch in dem Gleichnis von Jesus widerzuspiegeln, das er seinen Jüngern erzählte:

> *Denn es ist wie bei einem Mann, der außer Landes reisen wollte, seine Knechte rief und ihnen sein Vermögen übergab. Dem einen gab er fünf Talente, dem anderen zwei, dem dritten eins, jedem nach seinen Kräften.*[1]

Damit wird deutlich, dass wir zwar von Gott unterschiedliche Fähigkeiten bekommen haben, dass dabei aber keiner zu kurz gekommen ist. Man kann die Zuteilung des Vermögens auch in ein anderes Bild hineinversetzen, man kann die Zuteilung auch als Fläche sehen: Manche Lebensräume haben die Größe einer Briefmarke, andere sind eine Postkarte und wieder andere wie ein DIN-A-5 oder DIN-A-4 Blatt. Es gibt auch die auseinandergefaltete Serviette und auch einen ganzen Quadratmeter, alle jedoch haben eines gemeinsam: Grenzen. Innerhalb dieser Grenzen des eigenen Lebensraumes hat Gott jedem das gegeben, was er zum Leben braucht. Und es reicht! Das ist ein mutmachendes Geheimnis! Gott ist gerecht!

Es wäre auch gut und sehr zu wünschen, wenn alle, die Seelsorger sind, ein volles Ja zu dem hätten, wer sie sind und was sie vermögen. Ein Ja zu ihren Fähigkeiten und ein Ja zu ihren Begrenzungen. Auf jeden Fall ein Ja. Das vermittelt Vertrauen. „Ja" sagen zu dem, wer wir sind und was wir vermögen zu tun, spannt auch unser eigenes „Psychoseelen-Trampolin".

---

[1] Matthäus 25,14+15.

Ein Teilziel unseres Lebens ist das Glücklichsein. Glücklichsein ist das Gefühl, dass mein „Trampolin" die Belastungen aushält. Glücklichsein bedeutet aber auch, zu den eigenen Grenzen Ja zu sagen. Der große Elefant, der auf unser Trampolin klettern will, ist die Unzufriedenheit. Er macht das Trampolin kaputt. Die Unzufriedenheit über das, was Gott für unser Leben gegeben hat, ist die Wurzel allen Übels. Das fing schon im Paradies an. Die Schlange hatte es darauf abgesehen, Adam und Eva dahingehend zu verführen, dass sie mit dem, was Gott ihnen gegeben hatte, nicht zufrieden sind. Vielleicht ist es deshalb für uns so ein Kampf, aus der Unzufriedenheit in die Dankbarkeit zu kommen, weil es mit der ursprünglichen Schuld zusammenhängt. Es ist ein frohmachendes Training, mit dem zufrieden zu sein, was Gott uns als Lebensraum gegeben hat. In uns allen ist die Sehnsucht nach dem Glücklichsein. Dankbarkeit ist der Schlüssel zu diesem Glück.

Kann man noch wachsen?

Wer wachsen will, muss sich an seine Grenzen wagen. Wer glücklich sein will, muss sie bejahen! Die Undankbarkeit, die Suche nach dem ständigen Mehr und die Sucht des ständigen Konsums machen unsere „Trampoline" zu schlaffen Hängematten. Wer darunter leidet, keine „Zeitung", sondern nur eine „Postkarte" als Lebensraum zur Verfügung zu haben, begibt sich in die Gefahr, zu nichts mehr zu kommen, weil er die Möglichkeiten seiner „Postkartenfläche" nicht wahrnimmt und einsetzt. Natürlich können wir wachsen und wir sollen es auch. Aber Wachstum geschieht auf dem Boden des Vorhandenen, es geht um die Einbeziehung dessen, was uns gegeben und gelungen ist.

Wir wachsen nicht aus Neid, sondern indem wir das Risiko eingehen, auch Neues und Unbequemes zu wagen.

Man könnte sagen, die Grenzen unserer Lebensräume sind nach Norden, Osten, Süden und Westen abgesteckt, vielleicht sogar begrenzt. Eine Richtung allerdings ist offen, und das ist die fünfte Himmelsrichtung. Diese geht nach oben, unbegrenzt in die Vaterliebe Gottes.

Nun aber bleiben
Glaube, Hoffnung, Liebe, diese drei;
am größten aber unter diesen ist die Liebe.[2]

Wie bringe ich den Elefanten vom Trampolin?

Bevor wir uns damit beschäftigen, wie wir den Elefanten auf unserem „Psychoseelen-Trampolin" loswerden, möchte ich auf die verschiedenen Elefantensorten hinweisen. Um den Elefanten vom Trampolin zu bringen, müssen wir ihn anschauen und klären, zu welcher Gattung er gehört. Dazu gehört ein wenig Mut. Ehrlichkeit vor uns selbst ist dabei eine große Hilfe. Da es verschiedene Elefanten gibt, die uns belasten, gibt es auch verschiedene Wege, sie zu erkennen. Es kommt darauf an, in welcher Situation sich der Mensch befindet. Die Verhaltenstherapie spricht im Einklang mit der wissenschaftlichen Psychologie von drei sich ergänzenden Systemen[3], denen wir unseren Elefanten zuordnen können.

1. Das körperlich-emotionale System (Fühlen)

In diesem System erleben wir unsere Gefühle, die wiederum die psychosomatischen Abläufe in uns beeinflussen. Wir kennen das von Angstzuständen, die auf unseren Herzschlag einwirken: „Mir blieb vor Angst das Herz stehen!" oder: „Ich habe mir vor Angst in die Hose gemacht."

---

[2] 1. Korinther 13,13

[3] Nicolaus Hoffmann, *Verhaltenstherapie und kognitive Verfahren,* pal-Verlagsgesellschaft, Mannheim 1990.

2. Das Gedanken- oder kognitive System (Denken)

Im Gedankensystem bewirken wir Dinge und verknüpfen Erinnerungen mit dem aktuellen Zustand. In diesem System hegen wir unsere Hoffnungen und pflegen unsere Prinzipien.

3. Das motorische System (Handeln)

Im motorischen System bewegen wir uns und machen uns auf, um anderen zu begegnen. Hier haben wir es mit dem Handels- oder Arbeitselefanten zu tun.

Die BTS[4] geht davon aus, dass der gläubige Mensch noch ein viertes System hat, das zu den anderen dreien als gleichwertig betrachtet wird.[5]

4. Der Glaube

Der Glaubende bewertet die Dinge des Lebens nach biblischen Maßstäben. Hier ist es ganz entscheidend, welche Glaubenserfahrung ein Mensch hat. Darauf weise ich in einem späteren Kapitel hin.

Entsprechend den vier Systemen gibt es also vier „Elefanten", die unser Leben extrem „beschweren" können:

- Gefühlselefanten
- Gedankenelefanten
- Aktivelefanten
- Glaubenselefanten

Mit diesen vier Elefanten wollen wir uns im nächsten Kapitel befassen.

---

[4] Biblisch-therapeutische Seelsorge

[5] Nach Prof. Michael Dieterich

Kapitel 6

Die vier ganz speziellen Elefanten

1. Der Gefühlselefant

An sich ist das Gefühl etwas Wunderbares in unserem Leben. Es ist systemisch[1] und steht in unmittelbarem Zusammenhang mit anderen Systemen.

Unsere Gefühle sind entweder auf der Grundlage von Freude und Hoffnung entstanden, oder durch Ängste, Schuldgefühle und Verletzungen, bis hin zu persönlicher Not und Hoffnungslosigkeit. Die Freude werden wir selten als Überlastung empfinden, obschon auch Freude ein so starkes Gefühl sein kann, dass man zu „platzen" meint. Persönliche Not und das Gefühl „alles geht schief", „ich fühle mich zerrissen", führen häufig dazu, dass mein „Trampolin" nicht mehr schwingt.

[1] Das Gefühl ist kein in sich abgeschlossenes System, sondern ist eingebunden in das systemische Zusammenspiel von Denken, Handeln, Fühlen und Glauben.

Was ist zu tun?

Auch hier gilt es: Es ist hilfreich, das eigene Gefühl beschreiben zu können. Wir können den „Elefanten" nur dann vom „Trampolin" bringen, wenn wir ihn vorher als solchen erkannt haben. Das hört sich einfach an, ist aber für viele Menschen schon ein großer Schritt. Sobald aber der Elefant als solcher erkannt wurde, kann man sich Hilfe suchen, um das schwere Tier vom Trampolin zu schaffen.

Im Gespräch mit einem Seelsorger, Therapeuten oder Arzt kann man erkennen, woher das ungute Gefühl kommt und wie man es wieder loswird. Die einfachste Lösung wäre die, dass der Elefant alleine vom Trampolin springt, was er aber in den seltensten Fällen tut. Auch ein Wunder Gottes würde die Not beseitigen. In der Regel aber werden wir selber herausgefordert, aktiv zu werden. Manche Menschen versuchen, den Elefanten auf ihrem Trampolin zu integrieren und erleben dabei, dass man zwar damit leben, aber nicht mehr hüpfen kann. Die ursprüngliche Bedeutung von Hoffnung ist hüpfen. Wenn man aber auf dem Trampolin nicht mehr hüpfen kann, hofft man auch nicht mehr.

Wenn der Frust, der Druck, aus einer missglückten Selbstverwirklichung kommt, kann es daran liegen, dass man sich selber zu sehr in den Mittelpunkt geschoben hat. Paulus hat zu dieser Problematik hier ein hilfreiches Wort gesagt: „Sondern in der Demut achte einer den anderen höher als sich selbst, jeder nicht nur mit dem Blick auf das seine, sondern jeder auch mit dem Blick auf das, was des anderen ist."[2]

Alfred Adler, der Jude war und die Individualpsychologie begründet hat, verwendet für diese biblische Wirklichkeit ein sehr treffendes Bild: „Sich selbst verwirklichen

---

[2] Philipper2,3b+4

kann jemand eigentlich nur in dem Maße, wie er sich selbst vergisst, indem er sich selbst übersieht. Ist es nicht wie beim Auge, dessen Sehtüchtigkeit davon abhängt, dass es sich nicht selbst sieht? Wann sieht denn das Auge etwas von sich selbst? Doch nur, wenn es erkrankt ist: Wenn ich an einem Grauen Star leide, sehe ich eine Wolke, und damit nehme ich meine Linsentrübung wahr. Und wenn ich an einem Grünen Star leide, sehe ich einen Hof von Regenbogenfarben rings um die Lichtquellen. Im gleichen Maße ist aber auch die Fähigkeit meines Auges, die Umwelt wahrzunehmen, geschmälert und beeinträchtigt."[3]

Es gibt in der Therapie bewährte und wirksame Mittel, die Kongruenz[4] von Handeln, Denken, Fühlen und Glauben herzustellen. Häufig ist es schon eine Hilfe zu wissen, warum ich so bin, wie ich bin. In der Lebensstilanalyse[5] nach Alfred Adler ist so etwas z. B. möglich. Wer seine Gefühle in Ordnung bringen will, darf sie nicht verdrängen, sondern muss sie anschauen, sie bejahen und an

---

[3] Alfred Adler, *Das Leiden am sinnlosen Leben,* 2. Auflage, Herder, Freiburg 1991

[4] Deckungsgleichheit

[5] Das Wort „Lebensstil" tauchte zum ersten Mal im 16. Jahrhundert in den Gedanken von R. Burtons auf. In den Wissenschaften finden wir bei dem Sozialphilosophen Max Weber um 1900 den Begriff „öffentlicher Lebensstil". Bei Adler tauchte er ab 1920 auf und löst damit die Begriffe „Lebensplan", „private Intelligenz", „private Welt" und „Charakter" ab, die sich von nun an hinter dem Begriff „Lebensstil" verbergen. Den Begriff der „privaten Logik" benutzte er sein Leben lang. Für Adler war die Einstellung zum Leben, die Einstellung zu anderen Menschen und die Fähigkeit, Dinge so zu sehen, wie sie andere eben nicht sehen, von Bedeutung. Auch diese Fähigkeit verbirgt sich hinter dem „Lebensstil". Zum anderen geht er aber davon aus, dass der Mensch seinen Lebensstil verändern kann. Darum hat er es abgelehnt, den Menschen in bestimmte, vorgedachte Typen zu klassifizieren. Er wollte damit zum Ausdruck bringen, dass der Mensch diese Freiheit zur Veränderung durch keine Festlegung verlieren soll.

ihnen arbeiten. Häufig sind ungute Gefühle das Resultat von verirrten Gedanken.

Was man tun kann

Gefühle sind etwas Wunderbares, solange sie nicht uns, sondern wir sie haben. Unser Geist ist der Sitz aller Entscheidungen. Wenn dieser Geist von Gottes Geist erfüllt ist, dann ordnet sich unser Gefühl auch leichter diesem Geist unter.[6] Deshalb konnte Adler sagen: „Sich selbst verwirklichen kann jemand eigentlich nur in dem Maße, wie er sich selbst vergisst, indem er sich selbst übersieht. Ist es nicht wie beim Auge, dessen Sehtüchtigkeit davon abhängt, dass es sich nicht selbst sieht? ..."

Lernen Sie, Ihre Gefühle zu beurteilen und beziehen Sie sie mit ein, aber lassen Sie nicht zu, dass sie wie eine Nebelwand wirken, die Ihnen die Sicht für das Wesentliche versperrt.

Der Gefühlselefant
oder
Meine Angst

Meine Angst
lauert vor der Tür
und ich frage sie:
Womit drohst du mir?

Ich zeige dir nur,
was alles passieren könnte
bis zu deinem Lebensende:
Vergeblich rennen.

[6] Philipper2,3b+4.

Dich nicht erinnern können.
Die Orientierung verpassen.
Dinge nicht schaffen.
Die Zeit reicht nicht.
Die Gesundheit zerbricht.
Schönes verlieren.
Einsamkeit spüren.
Durchdrehen.
Untergehen.

Sei's drum – das alles
bringt mich nicht wirklich um!
Alles kann passieren,
aber das Wichtigste
werde ich nie verlieren:
Meinen ewigen Gewinn,
dass ich bei Gott geborgen bin!
Womit die Angst auch immer droht,
dies Glück besteht
auch durch den Tod.

2. Der Gedankenelefant

Zu dieser Gattung gehört das verirrte Denken. Dieser Elefant ist besonders schwer und lässt sich nicht gerne von der Stelle rücken. Was aber sind verirrte Gedanken?

Verirrtes Denken bedeutet, dass wir Situationen und uns selbst nicht realitätsgerecht bewerten.

Wenn man davon ausgeht, dass unsere Gedanken eingebunden sind in unser Verhalten und nicht zuletzt in unseren Glauben, werden unsere Gedanken aus der Gesamtheit unseres Lebens geboren und von dem gelenkt, was wir an Lebenshoffnung und Lebenserwartungen mitbringen. Unsere Gedanken stehen aber auch unter dem Einfluss dessen, was wir gelernt haben. Und das Lernen beginnt nicht erst in der Schule, sondern in dem Augenblick, in dem wir in dieses Leben hineingeboren werden. Unsere Mütter und unsere Väter sind unsere ersten Lehrer. Bei ihnen lernen wir durch ihr Vorbild, egal, ob es gut oder schlecht ist. Viel später erst kommen andere Menschen hinzu, die uns helfen, dass sich unser Wissen vermehrt. Darüber hinaus lernen wir durch Erfahrung, durch Tadel, Lob und Anerkennung.

Letztlich bauen wir unsere Gedankenwelt immer wieder auf dem Gerüst auf, das uns in der Kindheit durch die Familie mitgegeben wird. Wenn hier grundlegende falsche Voraussetzungen geschaffen werden, kommt es im Leben zu erheblichen Schwierigkeiten.

Nachfolgend gebe ich ein paar Beispiele für Familienmottos, aus denen verirrte Gedanken geboren werden. Das Motto einer Familie könnte etwa so lauten:

1. „Wir können machen, was wir wollen, wir kommen nie aus dem Dreck."

Wenn ein Kind dieses Motto regelmäßig und dazu noch in den passenden Augenblicken seines Lebens hört, kann man sich gut vorstellen, dass dem Kind in seinem Leben nicht viel gelingen wird. Es ist schon von Anfang an auf Misserfolg festgelegt.

2. „Räum dein Spielzeug auf und lass nicht alles herumliegen. Was sollen denn die Leute sagen?"

Es ist gar keine Frage, dass Kinder lernen sollen, ihr Spielzeug aufzuräumen, aber ist hier nicht eine falsche Begründung für das Handeln vorgeschoben? Eines Tages werden sich die Gedanken und die Bewertungen seines Handelns darum drehen, was die Leute sagen.

3. „Nun hast du schon wieder etwas kaputtgemacht. Du wirst uns noch alle ruinieren!"

Mit diesem Motto wird dem Kind schon in frühen Kindesjahren ein schweres Schuldgefühl vermittelt. Immer wenn ihm in seinem späteren Leben etwas misslingen wird, wird dieser Mensch wissen, dass sein Leben Ruin bedeutet. Für sich selber und für alle, mit denen er in Beziehung treten möchte.

4. „Pass auf, was du tust! Der liebe Gott sieht alles!"

Ja, in der Tat, Gott sieht alles. Aber hier wird ein Gefühl von Gott vermittelt, das nicht guttut. Gott ist nicht der Spion, der Detektiv nach dem Motto „Big brother is watching you". Hier wird Gott zum Pseudonym für Schrecken und Ungeborgenheit erklärt. Im Sinne von Psalm 139[7] ist Gott aber gerade nicht so. Er ist immer schon da, wo ich aus Angst hin fliehe. Er ist der tröstende und heilende Gott.

Wer unter solchen Aussagen leidet, die viele ähnliche Gedanken hervorbringen, kann aus der Verhaltenstherapie ein wirksames Mittel anwenden: den Gedankenstopp.

Beim Gedankenstopp handelt es sich um ein Verfahren zur Beeinflussung von Gedanken, Vorstellungen usw. Es geht letztlich darum, unerwünschtes Grübeln zu unterbrechen bzw. ganz abzubauen.[8] In vielen Fällen hat dieses Mittel schon zu erstaunlichen Veränderungen beigetragen. Wie in allen Formen der Psychotherapie gilt auch hier die Weisheit: Es gibt nichts Gutes, außer man tut es!

Das Verfahren wird zuerst mit dem Therapeuten geübt, wobei sich die folgende Technik bewährt hat: Dem

---

[7] Psalm 139,1-14. Hier besonders Vers 14.

[8] Michael Dieterich, *Psychologie contra Seelsorge?,* Stuttgart, Hänssler 1985, Seite 202.

Betroffenen wird gesagt, dass ein Verfahren zur Blockierung unerwünschter Gedanken eingeübt werden soll. Er wird gebeten, die Augen zu schließen und sich ganz auf seine negativen Gedanken zu konzentrieren. Sobald die Gedanken da sind, soll er durch Heben des Fingers ein Zeichen geben. Einige Sekunden nachdem er das Signal gegeben hat, ruft der Therapeut laut und scharf: „Stopp!“ und klatscht dabei kräftig in die Hände. Der ratsuchende Klient wird erschreckt zusammenzucken, die Augen öffnen und dem Therapeuten auf entsprechende Nachfrage bestätigen, dass er in seinem negativen Gedankengang gestoppt wurde.[9] Es geht hier nicht um das sogenannte positive Denken, sondern um eine Realitätsprüfung[10] und -anpassung der Gedanken.

Beim Training des Gedankenstopps ist es wichtig, dass die verirrten Gedanken aufgeschrieben werden und man die erwünschten Gedanken aufschreibt und zu lenken lernt. Auch die verirrten Gedanken hat man ja einmal gelernt. Nun müssen die alten durch die neuen Gedanken ersetzt werden. Dazu ist es gut, die neuen Gedanken auszuformulieren, damit sie parat sind, wenn sie gebraucht werden.

Außerdem hat sich bewährt, dass man sich, wenn die verirrten Gedanken kommen, beim „Stopp“ selber einen leichten Schmerz zufügt. Später braucht man das „Stopp“ nicht mehr zu denken, man muss sich nur noch kneifen und konditioniert mit diesem Schmerz das Umschalten auf den realitätsangepassten Gedanken.

Drei Beispiele für den Gedankenstopp:

---

[9] Ebd.
[10] Ebd.

Verirrte Gedanken: Stopp!	**Realitätsangepasste Gedanken: Go!**
Ich schaffe es nie!	Vielleicht schaffe ich es im Augenblick nicht, aber ich kann es schaffen!
Mich mag sowieso keiner! Warum soll ich deshalb zu der Party gehen?	So wie ich bin, bin ich gut! Ich werde heute ein paar Freunde finden.
Meine Schuld ist so groß, dass Gott sie mir nicht vergeben kann!	Bei Gott gibt es kein „zu viel" und „zu groß". Ich kann mit allem zu ihm kommen. Er liebt mich, und er vergibt mir.

Was man tun kann

Am Besten wendet man sich von den bedrängenden Gedanken durch die Hilfe des Gedankenstopps ab. Das ist die eine Möglichkeit. Die andere ist, was Bonhoeffer gesagt hat: „Wir leben nicht von unseren Glaubenserfahrungen, sondern von Gottes Verheißungen." Suchen Sie die Verheißungen, die Sie schon in Ihrem Leben bekommen haben und richten Sie Ihre Gedanken darauf. Sie werden erleben, wie sie eine neue, heilsame Blickrichtung bekommen.

Der Gedankenelefant
oder
Herr meiner Gedanken

Ich bin der Herr meiner Gedanken
und ich lasse nicht zu
dass sie in mir schwanken
in mir ranken
meine Seele bringen ins Wanken.
Ich muss nicht denken
die Gedanken
die kommen
die gedacht werden wollen.
Ich bestimme ihr Sollen
ob ich sie denke
wohin ich sie lenke
oder versenke.
Sie haben keine Macht
auch in der Nacht.
Ich bin der Herr meiner Gedanken
und setze die Schranken
was gut und was nicht
und schau auf das Licht.

3. Der Glaubenselefant

Man mag sich fragen, ob es den überhaupt gibt, ob Glaube sich so verirren kann, dass er zu solch erheblichen Problemen in unserer Seele führt. Ich glaube ja, es gibt ihn, diesen „Elefanten", und das gar nicht so selten. An dieser Stelle ist es interessant zu fragen, *was* wir glauben, was unsere unaufhebbaren Glaubensinhalte sind?

Für viele Menschen ist der Glaube kein Halt, weil er sie in den „nicht zu entrinnenden Zeigefinger Gottes" geführt hat. Es ist auffallend, wie viele Christen mit der Angst im Nacken leben, dass Gott sie nicht wirklich liebt. Und es ist nicht weniger auffallend, wie viele mit der Vorstellung leben, sie müssten gut – moralisch einwandfrei – sein, damit sie von Gott angenommen sind.

Es gibt Christen, die nie die befreiende Wirklichkeit der Liebe Gottes erfahren. Jeder kann sich selber fragen, ob Vergebung das Auslöschen der persönlichen Schuld in Vergangenheit und Gegenwart ist und ob dies für ihn von Bedeutung ist.

Ist es nicht häufig genug so, dass man zwar von Vergebung spricht, sie aber in der Bewertung der eigenen Lebenssituation nicht in Anspruch nimmt? Wenn Jesus sagt: „Kommet her zu mir alle, die ihr mühselig und beladen seid, ich will euch erquicken!"[11], dann bedeutet das für viele Menschen nicht den Weg in die Freude und Geborgenheit. Sie haben nicht wirklich Vergebung erfahren. Sie sind weiterhin von Zweifel und Misstrauen geplagt und reden sich ein, dass dieser Weg der Erquickung für andere, die besser sind als sie, gilt. Wenn sie aus der Vergebung leben würden, wüssten sie, dass das Beweismaterial ihrer Schuld im Akt ihrer Vergebung vernichtet wurde. Leider gibt es Christen, die einen ganzen Güterzug von Beweismaterial hinter sich herziehen, damit sie auf jeden Fall beweisen können, wie schlecht sie sind.

Paulus, der nicht müde wurde, die Menschen in das Heil Gottes zu rufen, sagt: „Ist Gott für uns, wer mag wider uns sein? Er, der seines eigenen Sohnes nicht verschont hat, sondern ihn für uns alle dahingegeben hat,

[11] Matthäus 11, 28

wie sollte er uns mit ihm nicht auch alles schenken?"[12] Ja, Sie haben richtig gelesen: Er schenkt es uns! Alles, und das ist Gnade! Und von dieser Gnade und Liebe Gottes kann uns nichts scheiden! Wer diese Botschaft vom Kreuz und der Auferstehung nicht lebt und für sein Leben in Anspruch nimmt, läuft Gefahr, sich selber zu betrügen und den Glauben als leere Hülle zu erleben. In solch einer Situation entwickelt sich der Glaubenselefant, der einem wie ein Betrug erscheint, und man fühlt sich – so absurd es auch scheinen mag, von seinem Glauben betrogen. Betrug lastet schwer auf der Seele!

Warum hat Jesus die Pharisäer immer wieder herausgefordert? Sie hatten den Buchstaben vor die Beziehung gestellt. Jesus hat das einmal in der Konfrontation mit ihnen so gesagt: *„Der Sabbat ist um des Menschen willen gemacht und nicht der Mensch um des Sabbat willen."*[13] Die Inhalte unseres Glaubens sind von Gottes Liebe geprägt. Sie lassen viel Spielraum zu, der für die eigene Entfaltung im Glauben wichtig ist.

Auf der einen Seite freuen wir uns darüber. Wie oft aber haben wir Probleme, wenn sich die Menschen in ihren Gemeinden weiterentwickeln wollen und die „Alten" an Traditionen festhalten. Heute singen wir andere Lieder als 1542. Auch diese Lieder waren gut, aber heute hat man eine andere Sprache, andere Worte, andere Inhalte, weil sich die Gesellschaft verändert hat.

Die wesentlichen Bestandteile des Glaubens, von Kreuz und Auferstehung werden dadurch nicht verändert, vielmehr in die heutige Sprache übersetzt.

Christsein bedeutet, erfüllt mit dem Heiligen Geist zu sein. Leider wird dieses Thema unter den Christen sehr

---

[12] Römer 8, 31ff

[13] Markus 2,27.

kontrovers verstanden und diskutiert, weil oft ein Traditionsverständnis dahintersteckt, das aber nicht unbedingt mit den neutestamentlichen Glaubensinhalten übereinstimmt. Nirgendwo in der Bibel steht geschrieben, dass man die Hände zum Gebet falten muss. Wer das zum Dogma macht, übersieht, dass es andere Formen im Neuen Testament gibt, wie sich Menschen vor Gott im Gebet zeigen. Das Erfülltsein mit dem Heiligen Geist ist für manche Christen zu einer Horrorvorstellung geworden, weil sich dadurch etwas an Freiheit zeigt, was vorher so nicht dagewesen ist. Aber ist es nicht der Heilige Geist, die göttliche Kraft in uns, die das Gute in uns hervorbringt, die uns in die Wahrheit und in die Gegenwart Jesu bringt? Der Heilige Geist ist die Kraft, die Gottes Gegenwart in uns zum Klingen bringt, und die ist in ihren Auswirkungen vielfältig und ermutigend.

Der Heilige Geist ist der Tröster-Gott, in ihm werden wir getröstet, wenn unsere Seele durch das „tiefe Tal" geht.[14] Wer in ihm lebt, ihm Raum gibt, in dem wird der Heilige Geist eine wunderbare Frucht hervorbringen. Wer den Glaubenselefanten vom Trampolin stoßen will, der braucht eine neue Glaubensdimension, die ihn nicht einschränkt, sondern in die Weite der Liebe Gottes führt, und die ist für alle da!

Was man tun kann

Christsein bedeutet, erfüllt mit dem Heiligen Geist zu sein. Nicht die Formen der unterschiedlichen Kirchen, oder der christlich moralische Zeigefinger macht den Glauben zu einem wirklichen Erlebnis, sondern die Kraft Gottes, ist die alles verändernde Kraft, die uns glücklich macht.

---

[14] Psalm 23

Der Glaubenselefant
oder
Abhängig von Gott

Je abhängiger
mein Gott
von dir
umso unabhängiger
von Menschen und Dingen hier.
Unabhängig auch
von meiner Ohnmacht und Vorläufigkeit
abhängig
von deiner Allmacht und Vollkommenheit.
Ich hänge mich an dich
so werde ich.
Von dir gedacht.
Von dir gemacht.
Von dir
behütet und bewacht.

4. Der Aktivelefant

Wir könnten ihn auch den Verdrängungselefanten nennen. Er tritt besonders gerne da auf, wo Denken, Fühlen und Glauben angesagt wären. Ich betone: wäre! Denn Menschen, die unter dem Aktivelefanten leiden, schaffen es gerade in solchen Situationen hervorragend, alle Gefühle zu verdrängen und sich aufs Handeln zurückzuziehen. „Betriebsnudeln“ funktionieren am besten da, wo sie sich wenig auf das einlassen, was ihre eigentlichen Bedürfnisse sind. Die Frage, die sich damit stellt, heißt: Warum kann ich nicht ruhen, wenn Ruhen dran ist? Warum kann ich nicht innehalten, wenn mein Körper durch den Stress, den ich mit meiner Unruhe hervorbringe, mir Müdigkeit signalisiert?

Auch hier gilt wieder das bereits erwähnte Prinzip: Hinschauen und versuchen zu verstehen, was sich da abspielt. Die folgende Geschichte verdeutlicht das Gesagte:

> Eines Tages geschieht es, dass ein Mann mittleren Alters stirbt. Er kommt in den Himmel und beschwert sich bei Petrus, dass er viel zu früh gestorben sei. Petrus ist verwundert, prüft sein „Abrufungsprogramm" und sagt zu dem eben Angekommenen: „Was willst du denn, nach deinen Stundenzetteln müsstest du doppelt so alt sein!"

Arbeit ist an sich nicht verkehrt. Wer arbeitet, liegt mit seinem Tun im Willen Gottes.[15] Wenn aber die Arbeit zum Hindernis für die Begegnung mit sich selber wird, hat sie ihren Sinn verloren. Und wenn die Arbeit als Flucht vor der Klärung von Beziehungen missbraucht wird, wird sie zur Quelle weiterer Probleme. Flucht lastet schwer auf der Seele eines Menschen. Manche Seele bzw. manches „Psychoseelen-Trampolin" kann nicht schwingen, weil der Aktivelefant sich längst „häuslich" eingerichtet hat. Der Herzinfarkt ist kein probates Mittel gegen Aktivelefanten! Besser ist die Einsicht. Die Einsicht, dass Gott uns zum Leben berufen hat und wir leben dürfen. Leben aber bedeutet zuerst, in Beziehung zu leben. Zuerst kommt die Beziehung zu Gott, dann zur eigenen Person und erst dann zum Nächsten.[16]

Diese „Beziehungstrilogie" (Gott lieben und seinen Nächsten wie sich selbst, wie es in Matthäus 22 beschrieben ist), ist bei Gott festgeschrieben. Deshalb geht es hier

---

[15] 1. Mose 3,19

[16] Matthäus 22,36-40

nicht um eine freundliche Empfehlung. Hier wird aus neutestamentlicher Sicht von dem größten und höchsten Gebot gesprochen, an dem das ganze von Gott gegebene Gesetz und alle prophetischen Aussagen hängen. So bleibt nur eine Konsequenz für den, der vom Aktivelefanten belastet ist: die Klärung seiner „drei" Beziehungen.

Was man tun kann

Leben bedeutet zuerst, in Beziehung zu leben. Wenn Sie zu viel tun, dann arbeiten Sie an Ihrer Beziehung zu Gott, zu sich selber und zu Ihrem Nächsten – und der Aktivelefant ist gezähmt.

Der Aktivelefant
oder
Der Himmel hat sich zugezogen

Der Himmel hat sich zugezogen
um mich herum
Die Wolken wogen
ich fliege ohne jede Sicht
ich bitt' dich
Herr
verlass mich nicht.
Nimm du das Steuer
in die Hand
und bring mich
durch die Wolkenwand.

KAPITEL 7

Vorbeugen ist besser als Heilen

Diesen Spruch kennt fast jeder, der sich schon einmal mit der Frage von Gesundheit und Wohlfühlen beschäftigt hat. Es klappt leider nicht immer, weil es Situationen gibt, die wir kaum beeinflussen können. Man kann jeden Tag frisches Obst essen und Sport treiben, sich gesund ernähren und frische Luft genießen, und trotzdem krank werden. Erkältung, Grippe, Vireninfektionen und all die Dinge, die man vermeiden möchte. Sollte man deshalb aufhören, etwas Gutes für sich zu tun? Niemals!

Es gibt verschiedene Wege, um zu verhindern, dass sich ein „Elefant" auf mein „Psychoseelen-Trampolin" setzt. Ob es mir immer gelingt, sei dahingestellt, aber der Weg, es zu verhindern, ist an sich schon ein frohmachender Weg! Und wenn das Problem schon auf dem Trampolin sitzt, gibt es verschiedene Möglichkeiten, es vom Trampolin zu locken.

Fangen wir mit dem Weg an, auf dem wir mit unserer Psyche unterwegs sind:

Glücklich sein und bleiben

Ein König lag schwerkrank darnieder und versprach: „Die Hälfte meines Reiches will ich dem geben, der mich wieder gesund macht!" Da versammelten sich alle Weisen des Landes und beratschlagten, wie sie den König heilen konnten. Aber niemand wusste Rat. Nur ein Weiser erklärte: „Wenn man einen glücklichen Menschen findet, ihm sein Hemd auszieht und es dem König anlegt, wird der König genesen." Daraufhin schickte der König Boten aus, die in seinem weiten Reich einen glücklichen Menschen suchen sollten. Aber es gab keinen einzigen Menschen, der mit allem wahrhaft zufrieden und deshalb glücklich gewesen wäre. Der eine war zwar gesund, aber in seiner Armut unglücklich. Und wenn einer gesund und reich war, dann war die Ehe unglücklich oder seine Kinder waren nicht geraten. Kurz – alle hatten einen Grund, sich über etwas zu beklagen.

Da ging einmal spät am Abend der Königssohn an einer armseligen Hütte vorüber, und er hörte, wie drinnen jemand sagte: „Nun ist Gott sei Dank meine Arbeit geschafft, ich habe gut verdient, ich bin satt und kann mich nun ruhig schlafen legen. Was wünschte ich noch? Ich wüsste es nicht!"

Den Königssohn erfasste eine große Freude. Nach seiner Rückkehr in den Palast befahl er, diesem Mann sein Hemd auszuziehen und ihm dafür so viel Geld zu geben, wie er nur wünschte, und dem König das Hemd zu überbringen. Die Boten eilten zu dem glücklichen Menschen, um ihm gegen schweres Gold sein Hemd einzutauschen. Aber der Glückliche war so arm, dass er gar kein Hemd hatte.[1]

---

[1] Nach einer arabischen Legende und Geschichte von Leo Tolstoi

Zu dieser Geschichte muss man nicht mehr viel sagen: Dankbarkeit bewirkt Glücklichsein und Glücklichsein ist eine gute Grundlage für die Gesundheit. Sie sagen jetzt vielleicht, dass das ja nur eine schöne Geschichte ist. Ja, das stimmt, aber Ihr Leben ist auch eine Geschichte, und Sie sind der Protagonist darin, der bestimmt, in welche Richtung Ihre Geschichte gehen soll. Fangen Sie an mit der Dankbarkeit. Vielleicht fangen Sie beim Frühstück mit einem Dankgebet an. Danken Sie Gott für den Kaffee, den Tee, für die Marmelade oder den Honig, für den Käse oder die Wurst. Nehmen Sie es nicht für selbstverständlich. Sie hatten Glück, hier geboren zu sein.

Die Kinder in unserer Schule in Uganda kommen alle aus Verhältnissen, wo es kein Frühstück gibt. Und diese Kinder gehören zu der Mehrheit der Erdbevölkerung, die eher hungert als satt wird.

Danken Sie Ihrer Frau oder Ihrem Mann, der das Frühstück bereitet hat. Danken Sie Gott, dass Sie Geld hatten, sich etwas zu essen zu kaufen. Danken führt zum Glücklichsein, und das ist eine Kraft, den Elefanten zu vertreiben oder ihn daran zu hindern auf Ihr „Psychoseelen-Trampolin" zu steigen.

Zum Schluss

Die kalifornische Küste lag nebelverhangen da an jenem Morgen des 4. Juli 1952.

34 Kilometer westlich davon, auf der Insel Catalina, watete eine vierunddreißigjährige Frau ins Wasser und schickte sich an, in Richtung Kalifornien zu schwimmen, entschlossen, diese Strecke als erste Frau zu bewältigen. Sie war bereits die erste Frau gewesen, die den Ärmelkanal in beiden Richtungen durchschwommen hatte. Das Wasser war eiskalt, und der Nebel war so dicht, dass sie kaum die Beiboote ausmachen konnte.

Millionen schauten über die nationalen Fernsehsender zu. Mehrmals mussten Haie mit Gewehren vertrieben werden, um die einsame Gestalt zu schützen. Die Müdigkeit war nie ihr großes Problem bei diesen Schwimmleistungen gewesen – es war die eisige Kälte, die ihr zu schaffen machte. Über 15 Stunden später bat sie, steif vor Kälte, aus dem Wasser geholt zu werden. Sie konnte nicht mehr.

Ihre Mutter und ihr Trainer, die im Boot neben ihr herfuhren, sagten ihr, dass die Küste schon ganz nahe sei. Sie ermutigten sie immer wieder, nicht aufzugeben, aber als sie zur kalifornischen Küste hinüberschaute, sah sie nichts als den dichten Nebel und bat darum, herausgeholt zu werden.

Stunden später, als ihr Körper sich erwärmt hatte, kam der Schock über ihren Misserfolg. Nur eine halbe Meile vor der kalifornischen Küste war sie aus dem Wasser gezogen worden! Ein Reporter fragte sie: „Miss Chadwick[1], was hat Sie davon abgehalten, diese letzte halbe Meile zu schwimmen?" „Es war der Nebel", antwortete sie. „Hätte ich das Land sehen können, hätte ich es geschafft. Wenn man da draußen am Schwimmen ist und sein Ziel nicht sieht, verliert man die Kraft."[2]

Es ist der Nebel der negativen Erfahrungen, die Menschen mit ihrem Glauben an Gott gemacht haben. Dieser Nebel verhindert ein eigenes, positives und glückliches Ankommen bei Gott. Im Nebel verblassen die Umrisse, werden undeutlich und je weiter sie von der Beziehung zu Gott entfernt sind, desto weniger können Sie sehen, wohin Sie sich bewegen. In dem Augenblick, in dem Sie den Mut haben, Gottes Nährstoffe für ein gesundes Seelenleben zu nehmen und ihm zu vertrauen, löst sich der Nebel auf und Sie sehen das Trampolin, steigen hinauf und fangen an zu hüpfen. Ihre Seele bekommt neuen Schwung, Sie erkennen Ihre Möglichkeiten und vergessen, was Sie vorher gehindert hat, aufs Trampolin zu steigen.

Um den Elefanten vom Trampolin zu bekommen, stehen wir oft vor einer scheinbar unmöglichen Aufgabe. Entweder ist er zu schwer oder zu unbeweglich. Wir verzagen und schauen auf unsere Möglichkeiten. Da geht plötzlich nichts mehr. Es geht nicht! Es hat keinen Zweck,

---

[1] **Florence May Chadwick** wurde am 9. November 1918 geboren und starb am 15. März 1995. Sie war eine berühmte amerikanische Schwimmerin, die lange Distanzen auf offener See schwamm. Sie war die erste Frau, die den Ärmelkanal in beiden Richtungen durchschwamm und damit jeden Rekord gebrochen hatte. Sie war die erste Frau, die den Catalina-Kanal an der Westküste Amerikas, die Straße von Gibraltar, den Bosporus und die Dardanellen durchschwamm (Quelle: Wikipedia, aus dem Englischen vom Autor übersetzt).

[2] Quelle ist unbekannt.

sich so zu bemühen, da es nicht gelingt. Mit dieser Einstellung geht auch nichts, weil es eben keinen Zweck hat. Ende! Das ist der Nebel. Wir kennen das aus unserem täglichen Leben im Herbst. Da sind die Nebel am häufigsten. Er löst sich auf, wenn die Sonne strahlt und Wärme spendet. Genauso ist es auch mit dem Glauben. Der Nebel der Unsicherheit löst sich auf, wenn die Erfahrung mit dem Licht Gottes das Herz erwärmt.

Ich bin immer wieder begeistert von der Kraft, die aus der Begegnung mit Jesus kommt. Jesus redet nie um den bekannten heißen Brei herum. Er sagt klar und deutlich, was Sache ist und lässt trotzdem viel Freiheit, etwas zu tun oder etwas nicht zu tun.

Er sagt: „Kommt alle her zu mir, die ihr euch abmüht und unter eurer Last leidet! Ich werde euch Ruhe geben."[3] Das ist ein Angebot, das man nicht ausschlagen sollte. Es kostet nichts, hält frisch und schafft Lebensfreude, die man ohne ihn nicht hat.

Nehmen Sie sich etwas Zeit und fragen Sie Gott. Sie werden staunen, welche Möglichkeiten sich damit auftun. Türen gehen auf, die vorher verschlossen waren. Wege werden sichtbar, die vorher nicht erkennbar waren. Jetzt dürfen Sie es wagen, den neuen Weg zu gehen. Was vorher unmöglich schien, ist mit Gottes Hilfe möglich. Das Geheimnis liegt im Glauben, in der Zuversicht und im Vertrauen, dass es bei Gott immer etwas gibt, das wir nicht sehen.

Ich wünsche Ihnen Mut, die göttlichen Nährstoffe zu genießen. „Schwimmen" Sie durch den Nebel, der Möglicherweise Ihren Lebensweg einhüllt. Er löst sich in der wärmenden Liebe Gottes auf.

---

[3] Matthäus 11,28 (Hoffnung für alle)

Über die Mitautoren

Dr. Klaus Höfle lebt mit seiner Familie in Giengen an der Brenz. Er ist Diplom-Wirtschaftspädagoge und Diplompsychologe und seit 1984 Berater, Trainer, Executive, Coach Professor und Fachleiter an einer Dualen Hochschule. Weiterhin ist er Dozent an verschiedenen Hochschulen und Universitäten im Bereich Personalmanagement.

Hartmut Reibold lebt mit seiner Frau in Jena. Die Gedichte stammen aus seinen beiden mit Bildern von Jens Wolf ausgestatteten Bändchen „Schwarzer Hund auf schwarzem Grund" (2011, werkdruckEDITION, Bad Camberg, Pseudonym Nikolaus E. Leonhard) und „Schau ich durch den Horizont" (2017, Präsenz).

Ein weiteres Buch von Jakobus Richter

Jakobus Richter

Am Ende ist es wie am Anfang, nur anders

Die Autobiographie von Jakobus Richter

Erscheint ca. Dezember 2018

Weitere Produkte von GloryWorld-Medien

„Himmlische Bücher für die Erde"

Wayne Jacobsen, Geliebt!

Tag für Tag in der Zuneigung des himmlischen Vaters leben, 240 S., Paperback

Jeden Tag ein Leben zu führen, in dem wir völlig sicher sind, dass wir bedingungslos von Gott geliebt sind – ist das wirklich möglich, und wie sieht das konkret aus?

Wayne Jacobsen bringt uns Schritt für Schritt nahe, wie tief die Liebe Gottes zu uns wirklich ist: Wir sind nicht zu Sklaven, sondern zu Söhnen und Töchtern berufen. Die liebevolle Zuneigung unseres Vaters im Himmel gilt uns in allen Umständen. Wir erfahren eine lebendige Beziehung zu ihm, die uns von der Qual der Scham befreit und uns so verändert, dass wir als seine Kinder leben können.

Dutch Sheets

Dein Herz soll wieder schlagen

Wie Gott neue Hoffnung in unser Leben haucht

160 Seiten, gebunden

Unerfüllte Hoffnungen und Wünsche können unser Herz emotional oder geistlich genauso krank machen wie physische Herzkrankheiten. Ja, sie haben die Macht, unsere emotionalen Herzen auszuschalten und unsere Fähigkeit, die Zukunft im Glauben und voller Zuversicht anzugehen, zu zerstören. Dutch Sheets erläutert, wie wir davon geheilt werden können.

Arnd Kischkel

Auf Gottes Stimme hören

96 Seiten, Paperback

Wenn wir jemand gern haben und die Beziehung zu ihm vertiefen wollen, was tun wir dann? Ganz klar, wir reden mit ihm oder ihr und suchen das Gespräch: Wir hören zu, fragen nach und wollen uns mitteilen. Genauso ist es auch bei Gott: Weil er uns liebt und eine persönliche Beziehung zu uns haben will, redet er mit uns.

Wenn wir auf Gott hören, öffnen wir uns für seine Gegenwart und sein Wirken. Im Gespräch mit ihm schließen wir uns an seine Kraft und das Leben in Fülle an, das er uns verheißt.

Michael Stahl, Vater-Sehnsucht

120 Seiten, Pb.

Immer mehr Kinder wachsen in dieser Welt ohne Vater auf. Was wird aus diesen Kindern? Der Vater ist der erste Held im Leben eines Kindes. Dieser mächtigste Mensch der Welt kann Wunden schlagen und sie auch heilen.

Michael Stahl, lässt uns an der Entstehung und dem Heilungsprozess seiner eigenen Vaterwunden teilhaben. Und er berichtet, was er erlebt, wenn er in Schulen, Heime, Gefängnisse oder Firmen geht und dort Menschen hilft, sich miteinander zu versöhnen. Das Buch ist eine Schatzgrube für alle auf der Suche nach Wurzeln, Identität und Wahrheit.

Mirjam Fischer, Lebe in deiner Bestimmung

Entdecke, was Gott in dich hineingelegt hat; 104 S.

Dieses Buch möchte dir helfen, deine Einzigartigkeit und den damit verbundenen ganz persönlichen Auftrag von Gott zu erkennen und anzunehmen. Es wird dir eine Hilfe sein auf dem Weg, deine Bestimmung zu erreichen.

Anhand bekannter Personen aus der Bibel wie Petrus, David oder Mose lernst du, wie Gott Menschen beruft und führt. Du lernst auch, Hindernisse wie Lebenslügen, Zweifel oder Entmutigung zu überwinden und deinen tiefsten Herzenswünschen zu folgen.

Daniel Gröber

Hunger … beginnt mit einer Sehnsucht

Wie wir Körper und Seele ins Gleichgewicht bringen; Vorwort von Michael Stahl

128 S., Großformat-Paperback, vollfarbig

Warum essen wir zu viel, wenn unsere Seele hungert? Wie kommen wir davon los und zu einem gesunden Lebensstil?

Mit klaren Worten, aber auch viel Herz geht Daniel Gröber nicht nur dem Hunger in seiner tieferen Bedeutung auf den Grund, sondern zeigt uns auch den Weg aus der seelischen Wüste – und darüber hinaus, wie wir die Pfunde auf den Rippen wieder loswerden können.

Dieses Buch ist wahrlich kein „Fastfood“. Es spornt dazu an, sich mit dem Inhalt und vor allem mit sich selbst auseinanderzusetzen. Und am Ende will es auch getan werden!

Silvan Carabin, Wer bin ich?

Meine Identität – aus Gottes Sicht; 120 S.; Pb.

Jeder strebt danach, bedeutend zu sein. Jeder strebt danach, eine Identität zu haben. Identität ist das, was uns bleibt, wenn uns alles weggenommen wird.

„Wer bin ich?" hilft dir zu verstehen, wer du in Gottes Augen bist, und zeigt dir deinen wahren Wert auf. Darüber hinaus wird es dich ermächtigen, deine wirkliche Bestimmung auszuleben und in den Lebensstil des Königreiches Gottes durchzubrechen.

Brent Rue

Vertrautheit mit Gott

Wie wir eine Liebesbeziehung zu Gott aufbauen können;

28 S., geheftet

Wie gelangen wir zu einer Beziehung zum himmlischen Vater, die dessen Gnade und Liebe widerspiegelt und unser ganzes Leben prägt?

Auf unnachahmliche Art erzählt Brent Rue, wie der Vater ihn lehrte, ihn immer tiefer kennenzulernen, bis daraus eine starke Vater-Sohn-Liebesbeziehung wurde, aus der heraus er alles tun konnte.

Frank Krause und Klaus Herrmann

Du sollst leben! – *Ein aktueller Bericht über eine ganzheitliche Heilung;* 96 S., Paperback

Eine aktuelle Geschichte, die das Leben geschrieben hat und die uns etwas darüber zeigt, wie Gott heute heilt.

Wir begleiten ein Ehepaar auf seinem Weg durch die Prozesse, die sie aufgrund einer unheilbaren Krebserkrankung der Ehefrau durchlaufen mussten. Wir blicken tief in die Geschichte von Tragödie und Triumph, aber ebenso auf die Entfaltung eines erstaunlichen Glaubens, der an Gottes Wort festgehalten hat.

Bestellen Sie in Ihrer Buchhandlung oder direkt beim Verlag:

GloryWorld-Medien | Beit-Sahour-Str. 4 | 46509 Xanten
Fon: 02801-9854003 | Fax: 02801-9854004 | info@gloryworld.de

Aktuelles, Leseproben, Downloads & Shop: **www.gloryworld.de**